장수풍뎅이, 사슴벌레, 타란툴라, 전갈, 지네를
잘 키우고 싶은 어린이를 위한 생태도감

정브르가 알려주는
곤충
체험 백과

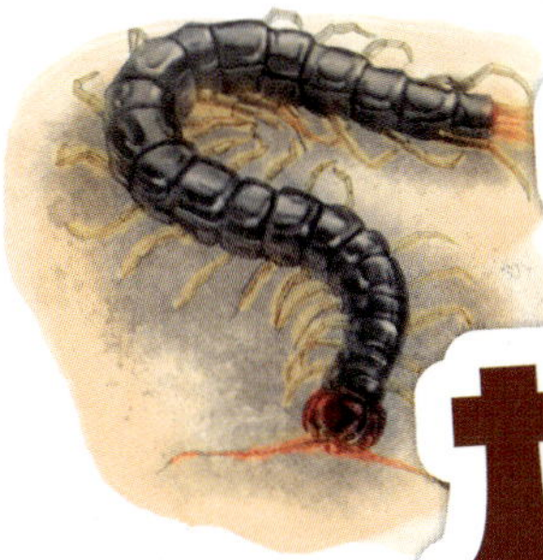

정브르 지음

바이킹

초등 과학 교과 연계

- 초등학교 2학년 1학기 여름 2단원 초록이의 여름 여행
- 초등학교 3학년 1학기 3단원 동물의 한살이
- 초등학교 3학년 2학기 2단원 동물의 생활
- 초등학교 5학년 1학기 5단원 다양한 생물과 우리 생활
- 초등학교 5학년 2학기 2단원 생물과 환경

일러두기

- 이 책은 정브르의 사육 방법을 담은 책입니다. 사육 방법은 브리더(전문 번식·사육자)마다 다를 수 있습니다.
- 생물의 명칭은 정브르가 운영하는 '곤충하모니'에서 사용하는 생물 이름을 기준으로 했습니다. '국가 생물다양성 정보공유체계'의 '국가생물종목록'과 '한국 외래생물 정보시스템'을 참고해 학명을 적어 두었습니다.
- 외래어 표기법에 따르면 지네(centipede)는 '센티피드', 노래기(millipede)는 '밀리피드'가 옳은 표기이지만 이 책에서는 브리더가 많이 사용하는 용어인 '센티패드'와 '밀리패드'로 적었습니다.
- 동물의 길이는 성체 기준으로 작성했습니다. 길이와 수명은 사육 환경, 건강 상태 등에 따라 차이 날 수 있습니다.
- 먹이의 양과 횟수는 개체마다 다르기 때문에 키우면서 파악해야 합니다.
- 생물을 만질 때는 꼭 부모님과 함께하세요. 독을 지닌 타란툴라나 전갈, 지네 등은 특히 조심해야 합니다.
- 타란툴라 사진은 블론디, 잭왕, 기수의 도움을 받았습니다. 지네 사진(위리디코르니스)은 쥬다방의 도움을 받았습니다.

• 머리말 •

곤충, 절지동물이랑
친해져 볼래요?

안녕? 친구들, 정브르예요. 친구들은 곤충 하면 어떤 곤충이 가장 먼저 떠오르나요? 여름이 오면 맴맴 하고 우는 매미도 있고 가을이 되면 짝을 지어 날아다니는 잠자리도 있어요. 개미, 파리, 나비 등 정말 많은 곤충이 사람과 함께 지구를 살아가고 있어요.

곤충은 지구에 사는 생물 종류의 75퍼센트를 차지할 정도로 많아요. 더 놀라운 사실은 아직 발견하지 못한 곤충도 많다는 것이에요. 하지만 도시화가 이루어지면서 숲과 같은 서식지가 많이 파괴되어 예전만큼 곤충을 쉽게 볼 수 없지요. 그러다 보니 집에서 곤충을 키우는 친구들이 많아졌어요. 타란툴라나 지네, 노래기 등 절지동물을 키우는 사람들도 늘어나고 있지요.

이렇게 곤충과 절지동물에 관심이 많은 친구들도 있는 반면, 곤충이라고 하면 "으~싫어!" 하고 무서워서 몸을 부르르 떠는 친구들도 있어요. 모기처럼 사람을 무는 곤충도 있고 바퀴벌레처럼 갑자기 나타나 사람을 놀라게 하는 곤충도 있기 때문이겠지요? 단순히 곤충과 절지동물의 생김새나 냄새만으로 싫어하는 사람들도 많기 때문에 한편으로는 아쉬운 마음도 들어요. 자세히 들여다보면 귀여운 구석이 꽤나 많으니까요.

숲의 제왕 장수풍뎅이와 사슴벌레, 알록달록 색이 화려한 타란툴라, 사냥의 명수 전갈, 다리 부자 지네와 노래기까지! 지구에 얼마나 다양한 생물 친구들이 있는지 함께 살펴봐요. 멋진 곤충과 절지동물의 세계로 안내해 줄게요.

동물을 사랑하는 생물인,
정브르

• 차례 •

머리말 곤충, 절지동물이랑 친해져 볼래요? ···································· 3
이 책을 활용하는 법 ··· 8
곤충은 어떤 동물이에요? ··· 9
절지동물은 어떤 동물이에요? ·· 10

1장
장수풍뎅이와 사슴벌레를 키워요

곤충의 왕 장수풍뎅이와 턱이 멋진 사슴벌레 ······························· 12
   몸의 구조와 한살이 • 15 / 사육장을 만들어요 • 19 / 먹이를 챙겨 줘요 • 24
   건강하게 보살펴요 • 25 / 채집하고 표본을 만들어요 • 36

장수풍뎅이 장수말벌도 날려 버리는 ·· 42
외뿔장수풍뎅이 나는야 고기를 좋아하는 ···································· 44
둥글장수풍뎅이 뿔이 없는 장수풍뎅이도 있답니다! ··················· 46

   `특집! 신기한 곤충 1` 멋진 장수풍뎅이 친구들을 소개합니다 ········ 47

사슴벌레 난 그냥 사슴벌레라고! ·· 49
왕사슴벌레 크기는 크지만 온순하고 소심해요! ··························· 50
넓적사슴벌레 싸움을 좋아하는 국민 사슴벌레 ···························· 53

   `재미있는 곤충 퀴즈 1` 사슴벌레의 한살이를 완성해 보세요! ········ 55
                            알맞은 답을 골라 보세요! ···································· 56

톱사슴벌레 턱이 톱처럼 생긴 난폭한 싸움꾼 ······ 57
애사슴벌레 아이처럼 작아서 ······ 59
참넓적사슴벌레 반짝반짝! 광택이 나는 ······ 60
꼬마넓적사슴벌레 소나무를 먹고 자라는 ······ 61

`특집! 신기한 곤충 2` 멋진 사슴벌레 친구들을 소개합니다 ······ 63

털보왕사슴벌레 털도 많고 번식도 많이 하는 ······ 65
엷은털왕사슴벌레 아직 네가 궁금해! ······ 67
다우리아사슴벌레 더위를 싫어하는 ······ 68
두점박이사슴벌레 제주도에서 만나! ······ 69
원표애보라사슴벌레 우리나라 사슴벌레 중에 가장 작아요 ······ 71
홍다리사슴벌레 예민하니까 건들지 말아 줘 ······ 72

`재미있는 곤충 퀴즈 2` 장수풍뎅이 × 사슴벌레 ······ 74

2장
타란툴라를 키워요

복슬복슬 까칠까칠 타란툴라 ······ 76
　몸의 구조와 한살이 • 80 　/　 사육장을 만들어요 • 83 　/　 먹이를 챙겨 줘요 • 88
　건강하게 보살펴요 • 90

블루 바분 타란툴라가 이렇게 순할 순 없다! ······ 99
바히아 스칼렛 버드이터 내가 좀 크긴 해! ······ 101
자이언트 화이트니 다리에 흰 무늬가 멋진 ······ 103
그린 보틀 블루 주황색, 초록색, 파란색이 한 몸에! ······ 105
우장바라 오렌지 바분 감히 날 건드려? 까칠한 ······ 106

`재미있는 절지동물 퀴즈 1` 타란툴라 ······ 108

3장
전갈을 키워요

살아 있는 화석 전갈 ··· 110
　몸의 구조와 한살이 • 112 / 사육장을 만들어요 • 116 / 먹이를 챙겨 줘요 • 120
　건강하게 보살펴요 • 121

아시안 포레스트 전갈 집게로 매력 뿜뿜! ··· 125

극동전갈 옹기종기 모여 사이좋게 지내는 ·· 127

호텐토타 호텐토타 혼자서도 새끼를 낳아요! ·· 128

　재미있는 절지동물 퀴즈 2　전갈 ··· 130

4장
지네와 노래기를 키워요

다리가 많아도 너무 많아요! 지네 ··· 132
　몸의 구조와 한살이 • 134 / 사육장을 만들어요 • 136 / 먹이를 챙겨 줘요 • 140
　건강하게 보살펴요 • 141

외국 왕지네 ··· 144
헤이티안 자이언트 센티패드 ·· 145
차이니즈 자이언트 센티패드 ·· 145
베트남 자이언트 센티패드 ··· 146
갈라파고스 자이언트 센티패드 ·· 146
플레임렉 센티패드 불타는 다리! ··· 147
타이거렉 센티패드 호랑이 다리! ··· 147

우리나라 지네 · 148
- **왕지네** 토종! · 149
- **장수지네** 작고 소심한 · 149

꼬물꼬물 노래기 · 150
- 몸의 구조 • 153 / 사육장을 만들어요 • 154 / 먹이를 챙겨 줘요 • 157
- 건강하게 보살펴요 • 158

- **아프리칸 자이언트 밀리패드** 크고 굵다! · 160
- **플랫 밀리패드** 고대 생물처럼 생긴 · 161
- **메가볼** 몸을 공처럼 돌돌 마는 · 162

  재미있는 절지동물 퀴즈 3 지네×노래기 · 164

부록

1. 신기한 곤충과 절지동물들 · 165
맨티스 쉬림프 / 투구게 / 소라게 / 코코넛 크랩 / 골리앗 크랩 / 넓적배사마귀
항라사마귀 / 장수잠자리 / 불개미

2. 입양 전 체크 사항 · 173

맺음말 생명을 존중하고 지구를 아끼는 여러분이 되길 바랍니다 · 179
도움받은 자료 · 180
찾아보기 · 181

이 책을 활용하는 법

몸의 구조와 한살이
동물마다 몸의 구조와 한살이를 보여 줍니다. 알부터 어른벌레(성체)까지 생태를 이해할 수 있어요.

사육장을 만들어요
사육장을 꾸미는 방법을 알려 줍니다. 사육에 필요한 도구를 알 수 있어요.

생물과 관련된 신기한 이야기부터 알아 두어야 할 정보, 주의 사항을 알려 줘요.

먹이를 챙겨 줘요
애벌레(유충, 유체)부터 어른벌레(성충, 성체)의 먹이 종류와 횟수를 알 수 있어요.

건강하게 보살펴요
짝짓기와 산란(출산), 성장 과정, 주의 사항을 알 수 있어요.

특집! 신기한 곤충, 재미있는 곤충·절지동물 퀴즈
곤충과 절지동물 이야기를 퀴즈로 맞혀 보고, 신기한 생물을 만날 수 있어요.

생생 영상
신기한 생물 소개부터 채집 영상까지 QR 코드로 생동감이 넘치는 영상을 볼 수 있어요.

곤충은 어떤 동물이에요?

곤충은 약 4억 년 전인 고생대에 지구에 처음 나타났어요.
이후 중생대와 신생대를 거치면서 많은 곤충이 사라지고 생겨났지요.
오랜 시간 진화해 온 곤충은 물에도 살고 나무에도 살고,
세계 곳곳, 다양한 환경에서 살아가고 있습니다.
우리와 함께 살아가는 곤충의 특징에 대해 알아볼까요?

몸이 머리, 가슴, 배로 나뉘어요.

다리가 세 쌍으로 여섯 개예요.

탈피하면서 어른벌레가 돼요.

알을 낳아서 번식하지요.

절지동물은 어떤 동물이에요?

절지동물은 개미, 나비 같은 곤충류와 함께 갑각류, 거미류 등을 아우르는 동물 무리예요. 거미, 게, 지네, 새우, 가재가 절지동물에 속하지요. 몸이 딱딱한 껍데기로 이루어져 있고 몸과 다리에 마디가 있답니다. 절지동물은 성장하면서 작아진 껍데기를 벗으며 탈피를 해요. 절지동물은 종류가 워낙 많다 보니 종마다 발달한 기관과 퇴화한 기관이 다릅니다. 어떤 절지동물이 있는지 알아볼까요?

'갑각류'에 속하는 가재예요.

'거미류'에 속하는 타란툴라예요.

'곤충류'에 속하는 잠자리예요.

'다지류'에 속하는 노래기예요.

1장

장수풍뎅이와 사슴벌레를 키워요

곤충의 왕 장수풍뎅이와 턱이 멋진 사슴벌레

더운 여름밤, 상수리나무와 떡갈나무 등이 자라는 참나무 숲에서 장수풍뎅이와 사슴벌레를 만날 수 있어요. 두 곤충 모두 참나무 수액을 먹고 살기 때문이지요. 힘이 센 장수풍뎅이와 멋진 턱을 가진 사슴벌레, 애완 곤충으로 인기 만점인 두 곤충 친구를 자세히 알아볼까요?

장수풍뎅이(왼쪽)와 사슴벌레(오른쪽)

달콤한 냄새가 나는 수액이 가득한 나무에 모여 있어요.

뿔을 뽐내는 장수풍뎅이

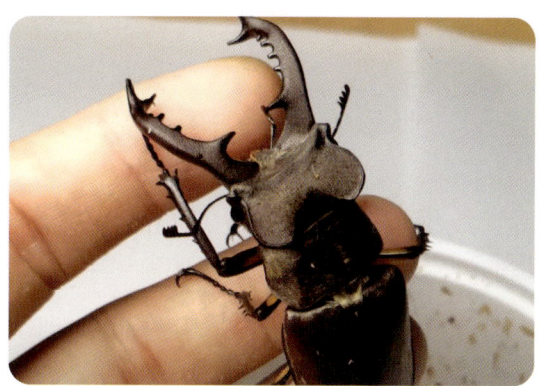
턱이 멋진 사슴벌레

장수풍뎅이 종류는 1,000종이 넘어요. 따뜻한 지역에는 몸이 10센티미터가 넘는 큰 장수풍뎅이들이 많답니다. 우리나라에 서식하는 장수풍뎅이는 장수풍뎅이, 외뿔장수풍뎅이, 둥글장수풍뎅이 이렇게 세 종이 있어요.

장수풍뎅이는 **길게 뻗은 뿔**이 매력 포인트예요. 수컷에게만 달린 뿔은 암컷을 뺏고 수액을 차지하기 위해 이용한답니다. 장수풍뎅이는 대부분 활발하고 호전적인 성격이라서 키우는 재미가 있는 곤충 친구예요.

장수풍뎅이는 크기, 색깔, 형태가 정말 다양해요. 뿔이 한 개에서 다섯 개까지 개수도 달라요. 다양한 장수풍뎅이들의 모습을 보고 있노라면 자연의 신비를 느낄 수 있답니다.

세계에서 제일 큰 헤라클레스 왕장수풍뎅이의 크기는 18센티미터가 넘는대요!

? 궁금해요

사슴벌레 vs 장수풍뎅이

사슴벌레와 장수풍뎅이가 싸우면 누가 이기냐고요? 그때그때 달라요~! 곤충의 크기와 건강에 따라 다르고 싸우는 자리에 따라서도 다르답니다.

내가 바로 헤라클레스 왕장수풍뎅이!

사슴벌레는 이름 그대로 턱이 사슴뿔을 닮아 사슴벌레라 불러요. 예전에는 사슴벌레가 투구를 쓴 것 같이 생겼다고 해서 투구사슴벌레라고도 불렀어요. 사슴벌레도 종류가 1,000종이 넘습니다. 엄청 많지요? 사슴벌레 대부분은 덥고 습한 정글에 살아요. 우리나라에는 17종이 살고 있어요.

사슴벌레 애벌레는 나무속에서 나무를 갉아 먹으며 자라요. 나무를 갉아 먹고, 나무를 파서 알을 낳아야 하기 때문에 턱이 날카로워야 합니다. 이 **날카로운 턱**의 모양으로 사슴벌레의 종류를 쉽게 구별할 수 있어요.

사슴벌레도 장수풍뎅이가 뿔로 다른 곤충을 집어 던지듯이 큰 턱으로 하늘소나 다른 곤충을 집어 던지곤 해요. 턱을 가위처럼 쓰는데, 양쪽 턱으로 물체를 꽉 잡은 뒤에 내팽개쳐요. 암컷을 차지하기 위해 수컷끼리 싸울 때도 사용합니다.

사슴벌레는 갈색, 초록색, 주황색 등으로 색깔이 다양해요. 어른 벌레가 되어 색이 바뀌는 종도 있답니다. 싸우는 것을 좋아하는 장수풍뎅이와 달리 사슴벌레는 대부분 느긋한 성격이에요. 물론 홍다리사슴벌레, 톱사슴벌레, 넓적사슴벌레처럼 싸움을 좋아하는 사슴벌레도 있어요! 특히 장마 전에 참나무 숲에 가면 장수풍뎅이와 사슴벌레를 많이 볼 수 있어요. 비가 많이 내리기 전에 먹이를 많이 먹어 두어야 하기 때문이지요.

사슴벌레(왼쪽)와 넓적사슴벌레(오른쪽)

사슴벌레 애벌레

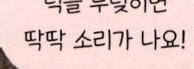

턱을 부딪히면 딱딱 소리가 나요!

채집하다 만난 넓적사슴벌레

생생 영상

90mm 넓적사슴벌레 대공개!

몸의 구조와 한살이

장수풍뎅이와 사슴벌레 모두 몸이 머리, 가슴, 배로 나뉘어 있어요. 다리가 세 쌍으로 여섯 개, 날개가 두 쌍으로 네 개예요.
　장수풍뎅이와 사슴벌레 둘 다 **완전탈바꿈(완전변태)**을 하는 곤충이에요. 애사슴벌레, 왕사슴벌레, 넓적사슴벌레 등 수명이 긴 사슴벌레들은 가을에 애벌레, 번데기, 어른벌레로 동면했다가 5월에 깨요. 어른벌레가 동면하면 수명이 늘어나기도 해요. 장수풍뎅이 먼저 살펴볼까요?

난 암컷이라 뿔이 없어.

장수풍뎅이 암컷

장수풍뎅이

더듬이
공기에 떠다니는 냄새를 맡아요.

뿔
수컷에게만 있어요.
공격할 때 사용하지요.
끝이 뾰족해요.

눈
겹눈이 2개예요.
시력이 좋진 않아요.

앞날개

발톱
갈고리 같은 발톱 덕분에
나무에 잘 붙을 수 있어요.

15

그림으로 보는 장수풍뎅이 한살이

1령 애벌레
발효 톱밥을 먹으며 자라요. 2~3주 뒤에 2령 애벌레가 돼요.

2령 애벌레
2~3주 뒤에 3령 애벌레가 돼요.

3령 애벌레
3~5개월 동안 크기가 점점 커져요.

알
크기가 쌀알만큼 작고 동그랗습니다. 2주 뒤에 애벌레가 돼요.

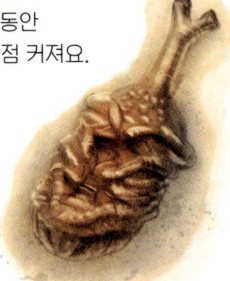
번데기
애벌레에서 번데기가 되는 과정을 '용화'라고 해요. 세로로 만든 번데기방에서 2~3주를 보내요.

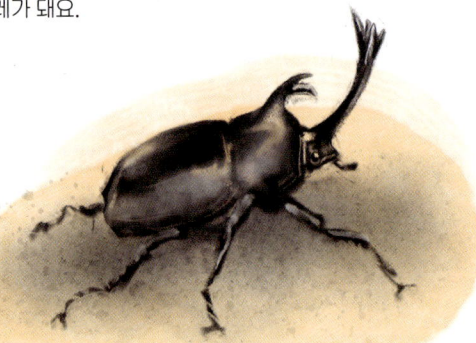
어른벌레
번데기 껍질을 벗고 어른벌레가 되는 과정을 '우화'라고 해요. 뿔이 멋진 어른벌레가 되었어요. 어른벌레로 1~3개월 정도 살아요.

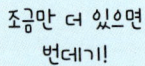
조금만 더 있으면 번데기!

장수풍뎅이 애벌레

갓 우화한 장수풍뎅이

사슴벌레

사슴벌레는 나무속에서 살다 보니 몸이 납작해요. 암컷과 수컷은 보통 턱의 크기로 구별합니다.

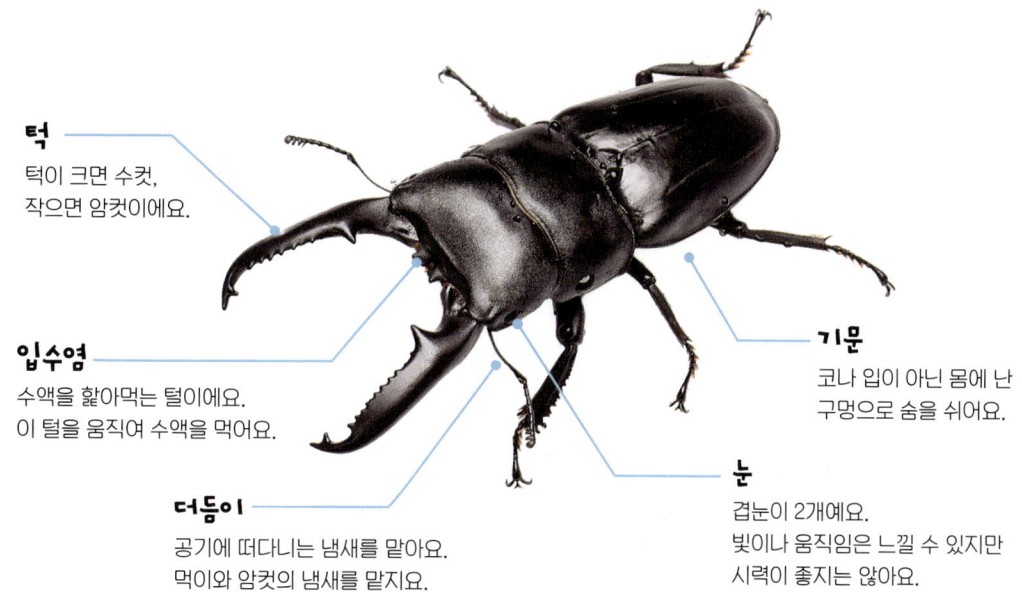

턱
턱이 크면 수컷, 작으면 암컷이에요.

입수염
수액을 핥아먹는 털이에요.
이 털을 움직여 수액을 먹어요.

더듬이
공기에 떠다니는 냄새를 맡아요.
먹이와 암컷의 냄새를 맡지요.

기문
코나 입이 아닌 몸에 난 구멍으로 숨을 쉬어요.

눈
겹눈이 2개예요.
빛이나 움직임은 느낄 수 있지만 시력이 좋지는 않아요.

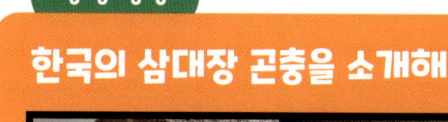

생생 영상

한국의 삼대장 곤충을 소개해요!

턱이 작은 내가 암컷!

사슴벌레 암컷

그림으로 보는 사슴벌레 한살이

1령 애벌레
발효 톱밥 또는 균사를 먹으며 자라요. 2~3주 뒤에 2령 애벌레가 돼요.

2령 애벌레
2~3주 뒤에 3령 애벌레가 돼요.

3령 애벌레
5~8개월 동안 몸이 커져요. 애벌레로 동면하기도 해요.

알
크기가 쌀알만큼 작고 동그랗습니다. 2주 뒤에 애벌레가 돼요.

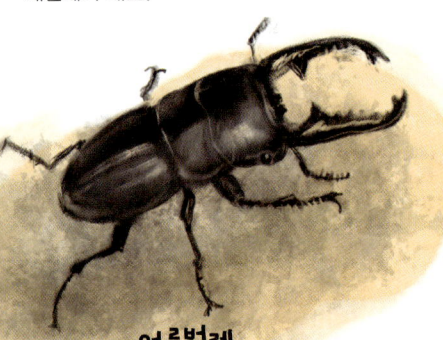

번데기
사슴벌레는 번데기방을 가로로 만들어요. 가로로 만든 번데기방에서 1개월 정도 지내요.

어른벌레
강력한 턱을 뽐내는 어른벌레가 되었어요. 어른벌레로 1개월~4년 정도 살아요.

곧 번데기가 될 거지롱!

사슴벌레 3령 애벌레

사슴벌레 번데기

사육장을 만들어요

곤충 친구들은 숲과 최대한 비슷한 환경에서 키워야 건강하게 지낼 수 있어요. 장수풍뎅이와 사슴벌레는 온도에 민감해요. 온도가 높으면 여름으로 느껴서 활동성이 높아지고, 온도가 낮으면 겨울로 느껴서 잘 움직이지 않지요.

사육장에 온습도계를 붙여 온도와 습도를 자주 확인하세요. 특히나 여름에는 사육장의 온도가 올라가지 않도록 햇빛이 잘 들지 않는 그늘진 곳에 두어요. 온도가 너무 높으면 질식해 죽을 수도 있어요. 어둡고 소리나 진동이 적은 책장에 두면 좋아요. 겨울에는 바닥에 전기장판이나 담요를 두어 온도를 일정하게 유지해 주세요.

오래오래 행복하게 살 수 있도록 사육장을 열심히 꾸며 준다고 브르와 약속해요!

바닥재를 파고 있는 장수풍뎅이

잘 꾸며 주겠다고 약속해요!

온도 24~30℃
습도 60~80%

먹이 그릇이 있으면 사육장을 더 깨끗하게 유지할 수 있어요.

놀이목과 먹이 그릇

다양한 먹이 그릇

사육 용품

장수풍뎅이와 사슴벌레가 좋아하는 사육장을 꾸며 주려면 어떤 용품이 필요한지 알아봅시다.

사육장

클린케이스 또는 채집통을 써요. 투명한 통을 쓰면 곤충을 관찰하기 쉽답니다.

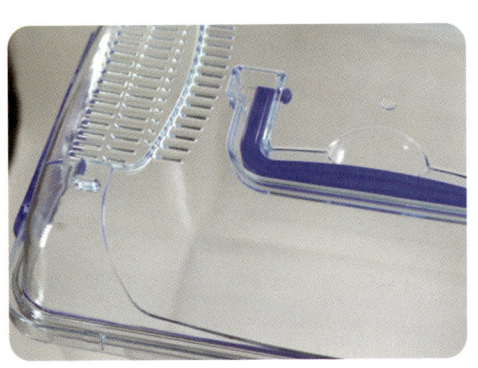

먹이 그릇

먹이인 곤충 젤리가 뒤집어지지 않게 고정하는 그릇이에요. 젤리가 움직이지 않아 곤충들이 편하게 먹는답니다.

놀이목

톱밥 위에 두어요. 곤충이 움직이다가 뒤집어졌을 때 놀이목이 있어야 몸을 다시 뒤집을 수 있어요. 또 다리 힘을 기르는 데 도움이 된답니다. 힘이 쎈 장수풍뎅이에게는 큰 놀이목을 넣어 주세요. 화분 거름망을 넣어도 됩니다.

뒤집어졌당!

발효 톱밥

참나무를 발효시켜 만든 것이에요. 애벌레의 먹이이자 어른벌레에겐 좋은 보금자리예요. 애벌레를 사육할 때 쓰는 발효 톱밥은 입자가 더 고와요. 부엽토도 사용해요.

곤충 젤리

나무의 수액을 대신하는 먹이예요. 여러 비타민과 단백질이 함유되어 있어요.

수태

사육장을 습하게 만들고 놀이목처럼 몸을 다시 뒤집는 데 도움을 줘요.

방충 시트

사육장에 초파리 같은 곤충이 들어오지 못하도록 방충 시트를 씌워요. 뚜껑 구멍에 작게 오려 붙이기도 해요.

낙엽

낙엽을 넣어 숲속 같은 환경을 만들어 주는 것이 좋아요.

장수풍뎅이와 사슴벌레의 사육장을 만들어 봐요. 만드는 방법이 크게 다르지 않답니다. 천천히 따라 해 보세요.

활발하게 움직이는 장수풍뎅이나 넓적사슴벌레 사육장은 큰 사육장으로 준비해요. 한 사육장에 암수 한 쌍만 넣는 것이 좋아요. 수컷 한 마리에 암컷은 최대 세 마리까지만 넣어요. 암컷과 수컷이 자주 싸운다면 일주일 정도 따로 키워요!

장수풍뎅이는 땅 파는 것을 좋아해요. 사육장에 발효 톱밥을 10센티미터 이상 두껍게 깔아 주는 게 좋아요. 두껍게 깔아 줄수록 산란할 수 있는 공간이 넓어져서 그만큼 산란 양도 늘어난답니다.

곤충 친구들을 옮기거나 만져야 한다면 턱에 물리지 않고 뿔이나 발톱에 손이 긁히지 않도록 조심해요.

! 그렇군요

필요할 때만 만져요!

곤충 친구들을 자주 만지면 스트레스를 받거나 쉬는 시간에 방해가 될 수 있어요. 자주 만지지 않도록 해요.

턱은 더 예민해요.

톱밥을 손으로 뭉쳤을 때 사진처럼 뭉쳐지면 OK! 놀이목과 먹이 그릇도 넣어 주세요.

장수풍뎅이·사슴벌레 사육장 만들기

1 사육장에 톱밥을 7~10센티미터 두께로 깔아 주세요. 그리고 꾹꾹 눌러요. 톱밥이 적당히 축축한지 확인해요.

2 빈 공간에 놀이목과 수태를 채워 주세요.

3 습도 유지를 위해 분무기로 물을 뿌려요. 곤충 젤리까지 넣으면 끝!

사육장 관리

사육장을 잘 꾸며 주었나요? 시작이 반이고 관리가 반이에요! 잘 관리해 줘야 건강하게 자라겠지요? 어떤 점을 주의해야 할지 알아봅시다.

사육장이 적당한 습도를 유지하도록 분무기로 물을 자주 뿌려 주세요. 여름이 되면 톱밥에 곰팡이가 생길 수 있어요. 그냥 두어도 곤충을 키우는 데 큰 상관은 없지만 냄새가 날 거예요. 사육장 뚜껑을 열 때는 항상 조심해요! 곤충들이 날아갈 수 있어요. 사육장 벽에 묻은 것은 오줌이니 휴지로 자주 닦아 주세요.

넓적사슴벌레 암컷(왼쪽)과 수컷(오른쪽)

곰팡이가 생겼어요.

잘 꾸며 줘서 고마워!

? 궁금해요

사육장의 불청객은 어떻게 할까요?

긴수염버섯파리는 균사를 먹고 사는 파리예요. 톱밥파리라고도 불러요. 모기처럼 생긴 이 파리는 톱밥에 알을 낳아요. 이 알이 애벌레가 되면 톱밥의 영양분을 먹어 버리기 때문에 사육장에서 빼는 것이 좋아요.

톱밥에 알이 있다면 그 아래 톱밥 1~2센티미터 정도를 파서 버려 주세요. 알이 아닌 파리를 발견했다면 집 밖에 나가서 날려 보내요. 그렇지 않으면 다시 사육장으로 들어가고 말 거예요. 사육장 안에 톱밥파리가 안 생기게 하려면 사육장에 꼭 방충 시트를 씌워 주세요!

먹이를 챙겨 줘요

장수풍뎅이와 사슴벌레는 숲에서 참나무 수액을 먹기 때문에 집에서 키울 때는 곤충 젤리를 챙겨 줍니다. 먹이 그릇에 곤충 젤리를 넣어 주세요. 다 먹으면 갈아 주면 됩니다. 여름에는 초파리가 많이 생길 수 있으니 자주 갈아 주세요.

짝짓기를 시킨 뒤에는 곤충 젤리를 2~3개씩 채워 주세요. 산란을 앞둔 암컷에게는 **단백질** 보충을 위해 단백질 함량이 높은 유산 젤리를 넣어 주면 됩니다.

고단백 과일을 챙겨 주기도 해요! 곤충에게 바나나는 사람이 먹는 장어처럼 스태미나가 풍부한 음식이랍니다. 바나나는 곤충을 채집할 때도 많이 써요.

곤충 젤리 말고도 밀웜이나 귀뚜라미를 먹는 장수풍뎅이도 있어요. 외뿔장수풍뎅이는 육식을 즐기는 곤충이라서 종종 밀웜이나 귀뚜라미를 챙겨 주면 좋아요.

어른벌레와 애벌레의 먹이는 달라요. 어른벌레에게는 발효 톱밥을, 애벌레에게는 발효 톱밥과 균사를 주지요. 사슴벌레 애벌레에게는 주로 균사를 먹이로 줍니다.

곤충 젤리 좋아.

밀웜을 먹고 있는 사슴벌레

먹이
곤충 젤리, 과일, 밀웜, 귀뚜라미

그렇군요

꿀은 위험해요!
곤충 젤리 대신 수박, 배, 바나나 등을 줘도 되지만 꿀은 굳을 수 있으니 주면 안 돼요. 젤리는 젤리 스플리터로 반으로 잘라 주기도 해요.

유산 젤리

곤충 젤리

싹둑!

젤리 스플리터

건강하게 보살펴요

짝짓기와 산란

짝짓기는 암컷이 수액을 먹고 있을 때 수컷이 붙으며 시작돼요. 수컷이 더듬이와 몸을 떨면서 암컷의 등에 올라가고 암컷이 받아 주면 짝짓기가 시작되지요. 암컷이 받아 주지 않을 때는 뒷다리로 수컷을 강하게 내동댕이쳐요.

짝짓기는 5~20분 정도 걸려요. 짝짓기를 끝낸 암컷은 보통 일주일이 지나면 알을 낳기 시작해요. 암컷은 짝짓기를 한 번만 해도 죽을 때까지 알을 계속 낳는답니다. 신기하지요? 적게는 10개에서 보통 30~50개의 알을 낳아요. 알을 많이 낳는 암컷은 100개 이상 낳기도 해요. 짝짓기 한 번으로 죽기 전까지 세 번 정도 산란합니다.

장수풍뎅이는 사슴벌레보다 수명이 짧아서 짝짓기를 더 자주 해요. 막 태어난 장수풍뎅이도 짝짓기를 할 정도로 번식욕이 강하답니다.

넓적사슴벌레 애벌레

암컷마다 알을 낳는 시기가 달라서 산란장을 해체하면 알과 애벌레를 같이 볼 수 있어요.

사슴벌레가 산란목에 낳은 알

장수풍뎅이의 알

장수풍뎅이와 사슴벌레 모두 산란장에 산란목과 발효 톱밥을 넣어야 해요.

장수풍뎅이는 주로 톱밥에 산란해요. 산란할 때 땅 속 깊이 들어가는 습성이 있어서 톱밥을 10센티미터 이상 두께로 넣어요. 시간이 지난 뒤 산란장을 뒤집으면 알과 애벌레를 볼 수 있어요.

장수풍뎅이 산란장

장수풍뎅이 애벌레

장수풍뎅이 산란장 만들기

1. 통에 발효 톱밥을 붓고 물과 섞어요.
2. 꾹꾹 눌러 단단하게 다져요.
3. 톱밥을 두껍게 쌓은 다음 놀이목, 먹이 그릇, 수태를 넣으면 끝!

생생 영상

암컷 장수풍뎅이는
몇 개의 알을 낳았을까요?

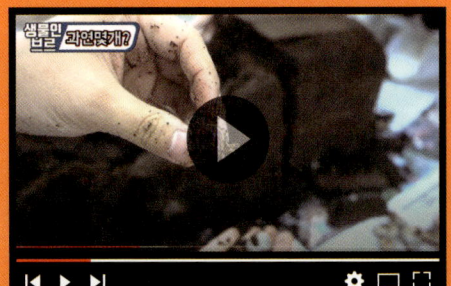

산란목

이 구멍은 버섯 균을 판 흔적이에요.

산란목 농장

사슴벌레는 산란목에 산란해요. 따라서 사슴벌레의 산란장에는 산란목의 반 정도를 톱밥 아래에 묻어 줘야 합니다. 발효 톱밥은 단단해지도록 꾹꾹 눌러 주세요.

사슴벌레 암컷은 나무껍질을 파고 그 안에 알을 낳아요. 구멍 하나에 알을 하나씩 낳아요. 보통 알을 20~30개 낳아요. 산란목을 보면 암컷이 알을 낳으려고 나무속을 판 흔적을 볼 수 있지요. 산란기에는 먹이를 줄 때 빼고는 사슴벌레를 건드리지 않도록 해요.

사슴벌레의 산란 흔적이에요.

사슴벌레 산란장 만들기

1 통에 물을 가득 채운 다음 산란목을 넣고 물에 불려요. 산란목은 크기에 따라 3~10분 정도 불려요.

2 물에서 꺼낸 다음 나무껍질을 벗겨요.

3 바닥에 톱밥을 1~2cm 두께로 깔고 단단하게 누른 뒤 그 위에 산란목을 놓아요. 나머지 공간에 톱밥을 깔고 단단해지도록 눌러요.

4 놀이목과 먹이 그릇을 넣고, 빈 공간을 수태로 채우면 완성!

알들은 보통 10~14일 뒤에 부화해요. 온도가 높을수록 부화 시간이 짧아져요. 부화한 애벌레는 알껍질과 나무의 부드러운 부분을 먹으며 자란답니다. 산란장을 만들고 2~4개월이 지난 다음 해체해요.

사슴벌레의 산란흔

산란목 해체하기

1. 신문지를 깔거나 큰 대야를 준비해요.
2. 톱밥을 엎어요. 먼저 눈에 보이는 애벌레와 알을 채취해요.
3. 산란목은 일자 드라이버 같은 도구로 껍질의 결대로 조심히 뜯어 나머지 알과 애벌레를 채취해요.

다칠 수 있으니 어른과 함께하세요!

생생 영상

사슴벌레 산란목 해체!

? 궁금해요

산란목은 어떻게 해체할까요?

산란목이 충분히 잘 부스러지는지 확인한 다음에 산란목을 해체해요! 산란목이 잘 부스러지지 않는다면 알이나 애벌레가 충분히 자라지 않았을 확률이 커요. 또 산란목을 해체할 때는 손이 다치지 않도록 날카로운 도구를 조심하세요.

성장 과정

갓 태어난 애벌레는 머리가 하얗습니다. 하루가 지나면 머리 색이 갈색으로 변하고 딱딱해져요. 알껍질을 다 먹은 뒤에는 나무 부스러기와 발효 톱밥을 먹어요. **발효 톱밥**은 고온에서 발효가 된 것으로 소화가 잘되는 먹이예요. 애벌레들은 단단해진 턱으로 나무를 잘게 부순 다음 나무의 영양분과 미생물을 먹는답니다.

산란목이나 톱밥에서 꺼낸 애벌레를 한 마리씩 사육통(유충병 또는 푸딩컵)에 넣어 키워요. 사슴벌레 애벌레는 동종 포식성이 강하기 때문에 같이 키우면 안 됩니다. 한 마리씩 건강하게 키워 주세요.

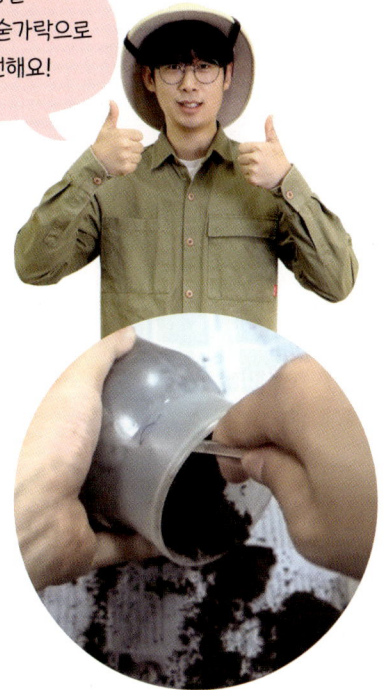

애벌레 사육통을 교체할 때는 톱밥을 숟가락으로 꺼내는 것이 안전해요!

애벌레 사육통 만들기

준비물 애벌레 사육통, 발효 톱밥

1. 물에 적신 발효 톱밥을 사육통 높이의 3분의 1만큼 넣고 세게 눌러 단단하게 만들어요.
2. 그다음 3분의 1만큼은 적당히 단단하게 눌러요.
3. 마지막 3분의 1만큼은 애벌레가 잘 들어갈 수 있게 살짝 눌러요.
4. 어둡고 조용한 곳에 두면 끝!

3분의 1 높이

❗ 그렇군요

톱밥을 잘 관리해요

톱밥의 수분은 항상 일정하게 유지해야 해요. 손으로 톱밥을 쥐었다 폈을 때 뭉쳐 있어야 하지요. 사육통에 배설물이 많이 생겼다면 톱밥을 갈아 주세요. 2~3개월에 한 번씩은 갈아 줍시다.

균사 통과 사슴벌레 애벌레

사슴벌레 애벌레는 알껍질에서 나와 몸이 굳으면 알껍질을 먹어요. 이후 썩은 나무를 먹으며 뿌리 쪽으로 내려가요. 3령 애벌레로 탈피하면 턱이 날카로워져 나무를 잘 갉을 수 있어요.

장수풍뎅이 애벌레는 서로 잡아먹지 않아요. 여러 마리를 큰 사육통에 기를 수 있지요. 장수풍뎅이 애벌레 여러 마리를 함께 키우고 싶다면 애벌레의 크기와 마리 수에 맞게 사육통의 크기를 맞춰야 해요. 그래야 여러 마리가 톱밥을 넉넉히 먹으며 건강하게 자랄 수 있으니까요. 3령 애벌레를 기준으로 아래와 같이 사육통의 크기를 바꿔 주세요. 장수풍뎅이 애벌레는 사슴벌레 애벌레보다 톱밥을 훨씬 많이 먹기 때문에 양을 넉넉하게 넣어 주세요!

사육통을 바꿀 때는 애벌레나 번데기를 최대한 만지지 않도록 조심히 꺼내고 넣어요. 발효 톱밥을 갈아 줄 때는 기존의 톱밥과 새 톱밥을 섞어서 넣어 주세요.

! 그렇군요

장수풍뎅이 3령 애벌레의 암수 구별하기

3령 애벌레의 암수를 구별하려면 배를 보면 돼요. V자 표시가 보이면 수컷, 없으면 암컷이랍니다.

수컷 　　 암컷

3령 애벌레 사육통

클린케이스 기준입니다. (가로×세로×높이. cm 기준)

마리 수	크기
1마리	소 (19.5×12.5×14.5)
2~3마리	중 (23×15×17)
4~5마리	대 (28×18×22)
7~9마리	특대 (34×21×27)

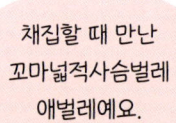
채집할 때 만난 꼬마넓적사슴벌레 애벌레예요.

꼬마넓적사슴벌레 애벌레

균사

균사 통

균사를 먹인 애벌레는 더 통통해요!

사슴벌레 애벌레에게 주로 '**균사**'를 먹여요. 균사는 톱밥에 버섯균을 옮겨 만든 것이에요. 균사를 먹이면 사슴벌레를 더 크게 키울 수 있어요. 사슴벌레를 키우는 전문가들이 많이 이용한답니다.

하지만 균사 통은 한 번 쓰면 버려야 하고, 가격이 비싸요. 또 버섯이 자랄 수 있기 때문에 온도를 잘 유지해야 합니다. 균사에 둘러싸여 애벌레가 살아 있는지 확인하기 어려운 단점이 있지요.

균사 통에서 자란 버섯

균사 통에 넣고 2~3개월이 지나면 애벌레는 통의 60~70퍼센트 정도 되는 균사를 먹었을 거예요. 조금 더 기다렸다가 균사 통을 갈아 주면 됩니다. 균사에서 꺼낸 애벌레는 최대한 만지지 않는 것이 좋아요.

직접 키운 사슴벌레를 비교해 보면 톱밥을 먹인 사슴벌레는 약 7센티미터, 균사를 먹인 사슴벌레는 약 8센티미터 정도로 차이가 나요.

하지만 균사를 먹인다고 해서 꼭 크기가 커지는 것은 아닙니다. 실험 결과, 왕사슴벌레, 애사슴벌레, 홍다리사슴벌레에게 균사를 먹이니 크게 자랐어요. 넓적사슴벌레, 톱사슴벌레, 다우리아사슴벌레는 톱밥만 먹여도 크기가 큰 어른벌레를 만날 수 있답니다. 장수풍뎅이는 균사를 잘 소화시키지 못하니 균사 통에서 키우지 않는 게 좋아요.

왼쪽이 균사 통이고 오른쪽은 사슴벌레 똥이 가득 찬 통이에요. 눈으로 비교가 잘 되지요?

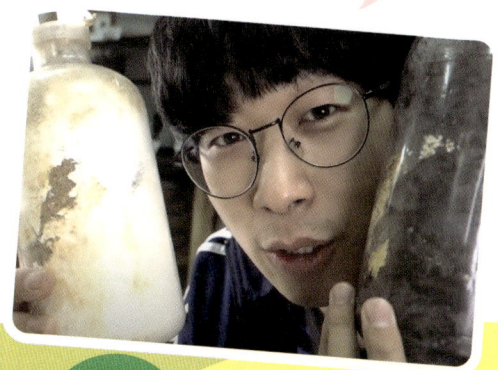

장수풍뎅이 3령 애벌레

넓적사슴벌레 3령 애벌레

나는 탈피 중이야.

사슴벌레와 장수풍뎅이 애벌레는 성장하는 동안 몸속에 단백질과 지방을 차곡차곡 쌓아요. 탈피할 때마다 크기가 커지지요. 3령 초기 애벌레는 온몸이 하얀색이었다가 지방이 쌓이면서 노란색으로 변합니다. 노란색이 되면 곧 번데기방을 만들 거예요.

장수풍뎅이 애벌레가 번데기가 되고 있어요.

? 궁금해요

번데기방이 가로면 사슴벌레 번데기방?

3령 애벌레는 봄에서 여름까지 번데기로 지내요. 스스로 번데기방을 만들어요. 사슴벌레는 가로로, 장수풍뎅이는 세로로 번데기방을 만들지요. 장수풍뎅이는 뿔이 커질 공간이 필요하기 때문에 번데기방을 세로로 만들어요.

사슴벌레 번데기방

난 사슴벌레가 될 거야.

장수풍뎅이 번데기방

난 장수풍뎅이가 될 거야.

3령 애벌레가 번데기가 되기 전(용화하기 전)의 상태를 '전용 상태'라고 해요. 전용 상태의 애벌레는 몸이 탱탱하지 않고 쭈글쭈글 해요. **번데기**가 될 준비를 하고 있는 것이지요. 건들면 죽을 수도 있으니 건들지 마세요.

애벌레 사육통의 톱밥을 갈아 주다가 번데기를 발견할 때는 임시로 번데기방을 만들기도 해요. 꽃집에서 파는 오아시스(스티로폼)는 물을 잘 흡수해 습도를 조절하기 좋아요. 오아시스 대신 종이컵에 물을 적신 휴지를 깔아 만들기도 해요. 임시 번데기방을 만들어 볼까요?

장수풍뎅이 번데기

번데기방 만들기

준비물 오아시스, 사육장(클린케이스), 숟가락 또는 둥근 병

1. 통에 오아시스와 물을 넣고, 3~5분 정도 두어요.
2. 오아시스에 번데기를 올린 다음 양옆으로 0.5센티미터, 위아래로 1~1.5센티미터 여유를 두고 크기를 재요. 크기에 맞게 숟가락으로 오아시스를 파요. 둥근 병으로 눌러도 돼요.
3. 안쪽에 물을 붓고 번데기 모양대로 조금 더 판 다음 꾹꾹 눌러 주세요.
4. 그 구멍에 번데기를 조심스레 놓고 사육장의 뚜껑을 닫으면 끝!

오아시스 속 장수풍뎅이 번데기

사슴벌레 번데기

그렇군요

오아시스 주의사항

오아시스가 충분히 물을 머금고 있지 않으면 통으로 눌러도 잘 들어가지 않아요. 물에 충분히 담가 주세요. 오아시스를 판 다음엔 가루를 털어 주세요. 가루가 번데기에 묻지 않도록 키친타월을 깐 다음에 넣어도 됩니다.

턱에 아직 허물이 남아 있네요.

우화 중인 사슴벌레

오른쪽이 우화한 지 얼마 안 된 사슴벌레예요.

우화를 끝낸 사슴벌레

번데기가 되는 과정을 '용화'라고 해요. 번데기가 되려면 2주~1개월이 걸리고 번데기 상태로도 2주~1개월 정도 산답니다. 용화 중에 온도나 습도가 안 맞거나 응애나 진드기가 생겨 성장하는 데 문제가 생기기도 해요. 응애가 생기지 않도록 사육 환경을 잘 관리해야 해요. 번데기에서 어른벌레가 나올 때는 허물을 찢으며 머리부터 나와요. 처음 번데기가 되었을 때는 하얀색이지만 허물을 벗는 동안 몸 색깔이 짙은 갈색으로 변한답니다. 어른벌레로 탈바꿈하는 과정을 '우화'라고 합니다.

그렇군요

사육장의 청소부, 톡토기

톡토기는 사육장에 생기는 노폐물을 분해시켜 냄새가 덜 나게 한답니다. 그래서 별명이 청소부지요. 하지만 진드기는 사람 몸에도 붙을 수 있어 발견하면 없애야 해요. 톡토기는 길고, 응애와 진드기는 동그랗습니다. 헷갈리지 마세요!

생생 영상

왕사슴벌레 용화를 들여다봐요!

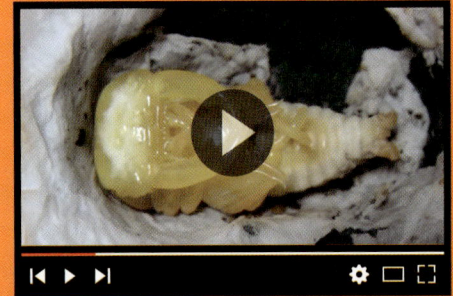

톡토기

우화를 끝낸 장수풍뎅이

장수풍뎅이는 날개돋이까지 마치면 1~2주 정도 쉬다 땅 밖으로 나오지만 사슴벌레는 우화한 다음 몇 달씩 먹이를 먹지 않고 쉬어요. 우화하는 동안에는 건들지 마세요. 몸이 마를 때까지 가만히 둡시다! 같은 암컷에서 태어난 곤충이라도 번데기방의 크기, 습도, 스트레스 등에 따라서 크기와 모양이 크게 다를 수 있어요. 사슴벌레는 턱이 굵기나 길이도 달라지지요. 우화할 때 온도나 습도 등이 맞지 않아 턱이나 뿔, 날개에 문제가 생기기도 하는데, 이러한 상태를 '우화 부전'이라고 해요.

갓 우화한 장수풍뎅이(위)와 사슴벌레(아래)

생생 영상

왕사슴벌레 암컷이 우화하는 모습이에요!

사슴벌레 우화 부전

채집하고 표본을 만들어요

채집하기

곤충 친구들을 만나러 산에 가요! 숲에 사는 곤충을 채집해서 집에서 키우기도 합니다. 채집하러 가기 전에 책을 읽거나 인터넷에 검색해서 곤충과 자연 환경에 관한 정보를 꼭 찾아보세요. 채집하러 가는 장소, 채집할 수 있는 곤충 등 많은 정보를 알고 가야 합니다.

곤충은 습도가 높고 온도가 높은 날 채집하러 가는 것이 좋아요. 모기, 말벌, 뱀 등을 조심해야 하지요. 어떻게 채집해야 하는지 알려 줄게요!

채집한 사슴벌레

나무 속 넓적사슴벌레

채집 준비물

- ✓ 긴팔 옷
- ✓ 긴 바지
- ✓ 손전등
- ✓ 핀셋
- ✓ 포충망
- ✓ 채집통
- ✓ 장갑
- ✓ 등산화
- ✓ 가방
- ✓ 모기약

생생 영상

정브르랑 같이 채집하러 가자!

바나나를 바른 나무

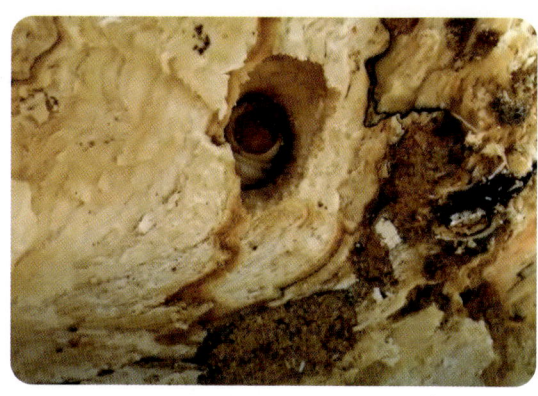
나무 속 사슴벌레 애벌레

옷도 갖춰 입고, 준비물도 챙겼다면 공기가 깨끗한 숲으로 떠나요. 숲에 들어가면 시큼한 냄새가 나는 나무가 있을 거예요. 바로 수액 냄새랍니다. 냄새를 맡으며 수액이 흐르는 나무를 찾거나 바닥을 잘 살펴보며 썩은 나무를 찾아보세요.

수액이 흐르는 나무의 껍질에 벌어진 틈이 있나 잘 살펴보세요. 또 나비와 하늘소 등 다른 곤충들이 옹기종기 모여 있는 나무를 찾으면 사슴벌레와 장수풍뎅이도 만날 수 있어요.

낮에는 바나나, 배같이 달콤한 냄새가 나는 과일을 나무에 비벼 곤충을 유인하기도 해요. 밤에는 참나무 근처에서 불을 켜 곤충을 채집하거나 숲이 가까운 곳의 가로등을 살펴보면 쉽게 찾을 수 있답니다.

> 숲으로 채집하러 가면 이렇게 죽어 있는 곤충 사체도 볼 수 있어요.

홍다리사슴벌레

나무껍질을 잘 살펴보면 알을 낳은 흔적이나 애벌레가 나무를 갉아 먹은 흔적(식흔)을 발견할 수 있어요. 나무 속이 가루가 되어 잘 다져 있으면 식흔일 확률이 높아요. 그 주위를 잘 살피면 곤충 친구를 만날 수 있어요.

겨울에 애벌레를 채집하려면 나무를 조각낼 작은 손도끼나 일자 드라이버가 필요해요. 죽은 나무를 파다 보면 알과 애벌레를 발견할 수 있어요. 나무는 절대로 조금씩 살살 부숴 곤충이 다치지 않게 조심해요.

애벌레를 채집통에 넣을 때는 애벌레가 먹던 나무속을 같이 넣는 것이 좋아요. 암컷이나 덜 자란 친구들은 잡지 마세요. 자신이 키울 수 있는 곤충만 채집하기로 약속해요.

직접 채집한 장수풍뎅이 애벌레예요.

장수풍뎅이 똥

내가 먹던 나무네! 냠냠.

곤충을 담은 채집통

곤충 친구들, 더 커서 만나요!

채집하다가 만난 동물 친구들

뿔꼬마사슴벌레

죽은 소나무를 파다 보니 소나무비단벌레 애벌레를 발견했어요. 폭이 큰 쪽이 머리예요. 신기하게 생겼지요?

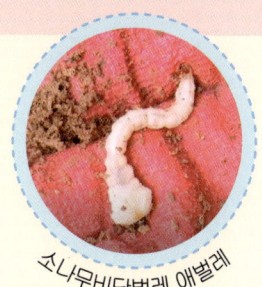
소나무비단벌레 애벌레

제주도에서 채집하다가 만난 뿔꼬마사슴벌레예요. 보기 힘든 사슴벌레인데 볼 수 있어서 너무 행복했어요!

도마뱀

'팅커벨'이라는 별명을 가진 긴꼬리산누에나방이에요. 크기가 커서 밤에 보면 깜짝깜짝 놀라곤 하지요.

긴꼬리산누에나방

축축한 나무에서 볼 수 있는 도마뱀이에요. 발견한 다음 다시 나무 조각과 나뭇잎으로 덮어 주었답니다.

노린재

나방 애벌레

거미

채집을 하다 보면 다양한 동물 친구들을 볼 수 있어요!

표본 만들기

키우던 곤충이나 잡아 온 곤충이 죽었다면 표본으로 만들어 보관하는 방법이 있어요. 친구들이 쉽게 따라 할 수 있는 방법을 알려 줄게요! 뜨거운 물, 날카로운 핀 등을 다루니 꼭 어른과 함께 하세요.

여러 생물 샵에서는 멋진 곤충 표본을 만들 수 있도록 건조시킨 곤충을 판매해요. 우리 주변에서 쉽게 볼 수 없는 외국 장수풍뎅이도 만날 수 있답니다. 헤라클레스 왕장수풍뎅이 표본에 도전해 보는 건 어떨까요?

다양한 장수풍뎅이 표본

곤충 표본 만들기

준비물 죽은 곤충, 표본 핀, 진주 핀, 전족판 또는 두꺼운 판, 집게, 풀

QR 코드로 영상을 볼 수 있어요.

1 뜨거운 물에 5~10분 정도 곤충을 넣어 불려요. 몸이 연해졌다면 꺼내요.

2 휴지로 살짝 눌러 물기를 뺍니다.

3 몸을 고정하기 위해 날개 위에 핀을 꽂아요.

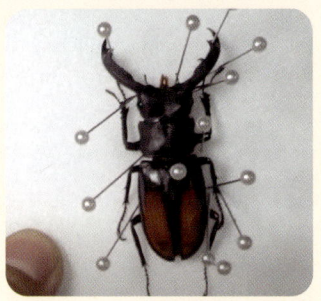

뜨거운 물에 곤충 사체를 불려요

건조한 상태인 곤충을 뜨거운 물에 넣어 불리는 작업을 연화라고 해요. 불리지 않으면 몸을 부러뜨릴 수 있어요. 곤충의 길이가 8센티미터 이상이라면 10~20분 정도 불려요.

4. 더듬이부터 앞다리, 뒷다리를 모두 펴서 고정해요.
5. 좌우 대칭이 잘 맞는지 확인해요.
6. 발톱까지 정리해요. 부러졌다면 목공 풀로 붙여요.
7. 그늘지고 통풍이 잘되는 곳에서 2주 이상 건조시켜요.
8. 다른 곤충이 표본을 갉아 먹을 수 없도록 방충제를 두어요.
9. 몸 핀만 두고 다른 핀을 다 뺀 다음 표본 상자에 넣어요.
10. 이름, 날짜, 장소를 기록하면 곤충 표본 완성!

생생 영상

표본에 벌레가 생겼어요

'권연벌레'가 표본 속을 다 갉아 먹었네요. 친구들은 벌레가 생기지 않게 자주 확인하세요.

사육 난이도 ★　　인기도 ★★★★★

장수말벌도 날려 버리는
장수풍뎅이

- **학명** Allomyrina dichotoma
- **길이** 수컷 30~85mm, 암컷 30~50mm
- **수명** 1~3개월
- **온도** 24~30℃

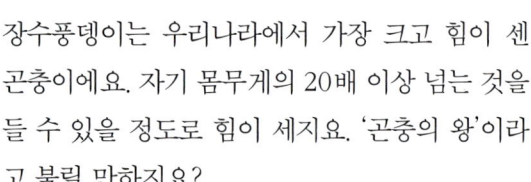

브르가 가장 먼저 키운 곤충이 바로 장수풍뎅이예요!

장수풍뎅이는 우리나라에서 가장 크고 힘이 센 곤충이에요. 자기 몸무게의 20배 이상 넘는 것을 들 수 있을 정도로 힘이 세지요. '곤충의 왕'이라고 불릴 만하지요?

장수풍뎅이는 뿔이 참 멋진 곤충이에요. 수컷에게 달린 뿔은 크고 멋져요. 수컷은 암컷을 차지하기 위해 서로 뿔을 맞대고 힘을 겨뤄요. 큰 장수풍뎅이의 뿔은 25밀리미터까지 자란대요!

장수풍뎅이는 전 세계 곳곳에 살고 있어요. 뜨거운 사막이나 극지방에서도 살 정도로, 어디서

건강한 장수풍뎅이

뿔에 허물이 남아 있는 모습

곤충 젤리를 먹고 있는 장수풍뎅이 암컷

장수풍뎅이(왼쪽)와 넓적사슴벌레(오른쪽)

나도 밀쳐 낼 거니?

나 잘 적응하며 살아요. '헤라클레스 왕장수풍뎅이'처럼 엄청 큰 크기를 자랑하는 장수풍뎅이도 있답니다.

장수풍뎅이 어른벌레는 참나무의 수액을 먹는데, 이 수액을 독차지하기 위해 같은 나무에 붙어 있는 하늘소나 사슴벌레들을 힘으로 밀쳐 내곤 해요. 힘이 셀 뿐만 아니라 싸움을 좋아하고 활발하게 움직이는 곤충이지요.

헤라클레스 왕장수풍뎅이

직접 채집한 장수풍뎅이 번데기와 애벌레예요. 크기가 엄청나지요?

채집한 장수풍뎅이 번데기

장수풍뎅이 3령 애벌레

사육 난이도 ★★   인기도 ★★★

나는야 고기를 좋아하는
외뿔장수풍뎅이

학명 Eophileurus chinensis
길이 15~24mm
수명 2~5개월
온도 24~30℃

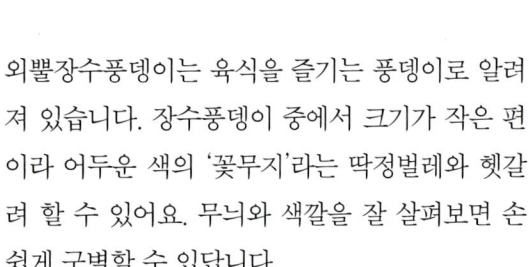
외뿔장수풍뎅이 수컷의 뿔

외뿔장수풍뎅이는 육식을 즐기는 풍뎅이로 알려져 있습니다. 장수풍뎅이 중에서 크기가 작은 편이라 어두운 색의 '꽃무지'라는 딱정벌레와 헷갈려 할 수 있어요. 무늬와 색깔을 잘 살펴보면 손쉽게 구별할 수 있답니다.

외뿔장수풍뎅이는 수명이 꽤 긴 편이에요. 어른벌레가 동면을 하는 모습을 종종 볼 수 있지요. 배회성이 강해서 찾는 게 쉽지는 않아요. 사슴벌레를 채집하다 보면 운 좋게 보곤 해요.

옛날에는 우리나라 전국에서 잘 찾을 수 있었지만 최근에는 전라남도를 제외한 곳에서는 개체 수가 감소해 멸종위기 야생동식물 **준위협** 종으로 지정되었습니다.

수컷은 머리에 작은 뿔이 나 있어요. 물론 몸 크기가 커질수록 뿔은 길어져요. 암컷도 뿔이 있긴 하지만 잘 보이진 않아요. 수컷과 암컷 모두 가슴이 움푹 파여 있는데, 보통 수컷이 더 넓게 파여 있답니다.

외뿔장수풍뎅이는 육식 곤충이라서 귀뚜라미나 밀웜도 먹어요. 낮은 먹이 그릇에 귀뚜라미나 밀웜을 넣어 주세요. 사육장은 클린케이스 특대 크기(30쪽 참조)에 3령 애벌레 10~15마리 정도 키우는 것이 적당해요. 큰 사육장이라도 적은 수를 키우는 것이 좋아요.

밀웜은 반으로 잘라서 줘요. 먹이 그릇에 두면 밤에 어른벌레들이 돌아다니면서 먹는 모습을 볼 수 있답니다. 귀뚜라미나 밀웜은 하루에 한 번씩 교체해 주세요.

2개월이면 알에서 어른벌레가 될 정도로 성장이 빨라요. 번식력은 좋은 편이에요. 숲에서는 부엽토나 썩은 나무 밑동에 산란을 하는데 집에서 키울 때는 발효 톱밥만 깔아도 괜찮아요. 10센티

직접 채집한 외뿔장수풍뎅이예요.

외뿔장수풍뎅이 사육장

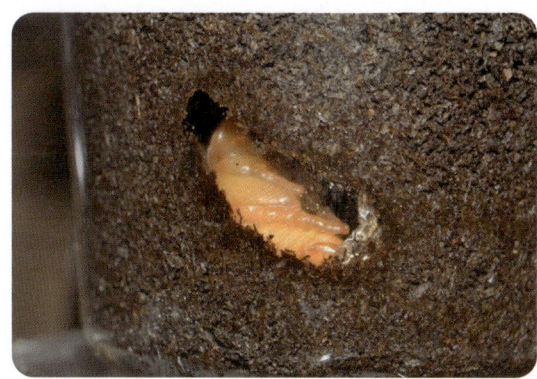
번데기방에서 쉬고 있는 번데기

미터 이상 두껍게 깔아 주면 잘 낳는답니다.

산란기인 암컷에게 귀뚜라미나 밀웜, 유산 젤리를 잘 챙기거나 사육장의 온도를 올려 준다면 더욱 많은 알을 볼 수 있을 거예요. 전기장판이나 담요로 온도를 유지해 주면 더욱 좋아요! 알은 한 번에 20~50개를 낳습니다.

산란이 끝난 암컷에게는 먹이를 잘 챙겨야 해요. 산란을 마친 암컷이 배가 고프면 수컷이나 자신이 낳은 애벌레도 잡아먹는 모습을 본 적이 있답니다.

외뿔장수풍뎅이도 동면을 해요. 동면을 잘하도록 도울 수 있어요. 톱밥을 가득 채운 사육통에 외뿔장수풍뎅이를 넣고 맨 위에 곤충 젤리 하나를 올려 둬요. 이 사육통을 베란다에 두면 동면 준비 끝!

생생 영상

육식하는 멋쟁이딱정벌레

위협을 받으면 엉덩이에서 엄청 뜨거운 액체를 뿜는 곤충이 있어요! 바로 멋쟁이딱정벌레예요. 밀웜이랑 지렁이를 주면 얼마나 잘 먹는지 몰라요.

나도 육식하는 사슴벌레야!

뿔꼬마사슴벌레

사육 난이도 ★★★★   인기도 ★★★

뿔이 없는 장수풍뎅이도 있답니다!
둥글장수풍뎅이

학명 Pentodon quadridens
길이 15~25mm
수명 1~6개월
온도 24~30℃

우리나라 장수풍뎅이 중에서 가장 알려지지 않은 둥글장수풍뎅이를 소개합니다. 미국에서는 쉽게 발견되지만 우리나라에서는 서해안 초원 지대에서만 발견이 됩니다. 갯벌이나 섬 주변에서 만날 수 있어요. 크기가 15~25밀리미터 정도로 소형종이지만 둥근 몸통이 귀여워 곤충 마니아에게 인기가 높아요.

둥글장수풍뎅이의 애벌레는 '띠'라고 하는 벼과 식물을 먹으며 살아요. 띠가 쌓여 발효된 흙 주변에서 볼 수 있어요. 둥글장수풍뎅이는 땅에서 살기 때문에 활엽수림에 사는 장수풍뎅이와 발과 다리 모양이 다릅니다.

또한 둥글장수풍뎅이는 띠의 뿌리 부분에 살다 보니 집에서 발효 톱밥만 가지고는 키우기 쉽지 않습니다. 둥글장수풍뎅이는 다른 장수풍뎅이와 달리 애벌레의 먹이가 다르기 때문에 발효 톱밥 매트를 만들어야 해요. 발효 톱밥과 잘게 부순 띠를 3 대 7 비율로 섞어요. 몇 달 동안 발효시키면 발효 톱밥 매트 완성! 애벌레의 집과 먹이 그리고 어른벌레의 산란 장소까지 될 거예요. 톱밥이 귀하다 보니 애벌레의 배설물이 묻은 톱밥도 버리지 말고 새 톱밥과 섞어서 써도 좋습니다.

둥글장수풍뎅이는 1년 동안 알에서 태어난 어른벌레가 다시 알을 낳고 그 알이 어른벌레가 된 적이 있을 정도로 애벌레 기간이 짧다고 알려져 있습니다. 수명도 1~6개월 정도로 추측됩니다. 둥글장수풍뎅이는 다른 장수풍뎅이와 달리 생태나 특징이 알려져 있지 않아 앞으로 연구가 필요한 곤충이에요.

둥글장수풍뎅이의 먹이, 띠

특집! 신기한 곤충 1

멋진 장수풍뎅이 친구들을 소개합니다

코카서스 장수풍뎅이랑 비슷하게 생겼어요!

아틀라스 왕장수풍뎅이

뿔이 코끼리 코를 닮았어요!

내가 세상에서 제일 무거운 장수풍뎅이야!

악테온 코끼리장수풍뎅이

가운데 뿔에 작은 돌기가 나 있어요.

아시아 최강 장수풍뎅이는 바로 나!

코카서스 장수풍뎅이

나도 더 크면 인기가 많았을 텐데!

세계에서 제일 큰 장수풍뎅이예요.

헤라클레스 왕장수풍뎅이

위에 난 뿔과 아래에 난 뿔의 길이가 비슷해요.

넵튠 왕장수풍뎅이

가운데에 긴 뿔이 한 개, 양쪽으로 작은 뿔이 두 개씩 나 있어요.

오각뿔 장수풍뎅이

위아래로 난 뿔 두 개가 마주 보고 있어요.

기데온 장수풍뎅이

사육 난이도 ★★★★   인기도 ★★★

난 그냥 사슴벌레라고!
사슴벌레

학명 Lucanus maculifemoratus dybowskyi
길이 수컷 40~68mm, 암컷 25~42mm
수명 2~3개월
온도 20℃

수컷 턱의 내치가 사슴뿔처럼 멋지지 않나요?

사슴벌레 또는 '걍사(그냥 사슴벌레)'라고도 불러요. 사슴벌레는 강원도나 경기도 북쪽에 높은 산에서 살아요. 높은 산에 살다 보니 사육 온도가 다른 사슴벌레에 비해 낮은 편이에요.

산 속 캠핑장이나 어두운 도로 위 환하게 불이 켜진 가로등 아래에서 사슴벌레를 종종 만날 수 있는데요. 다른 사슴벌레와 비슷하게 생긴 것 같지만 쉽게 구별하는 방법이 있답니다. 바로 몸에 난 금색 털과 턱의 내치(턱 안쪽에 튀어나온 돌기), 머리 크기에요.

사슴벌레는 수컷과 암컷 모두 몸에 **금색 털**이 있어 다른 사슴벌레와 쉽게 구별할 수 있어요. 암컷도 머리가 다른 사슴벌레보다 더 길고, 크기도 더 크지요. 사슴벌레 암컷은 턱이 없지만 물 수 있으니 조심하세요. 수컷에게 물리는 것보다 더 아파요!

그렇군요

사슴풍뎅이라는 친구도 있어요!

사슴풍뎅이라고 하면 사슴벌레나 장수풍뎅이를 잘못 말한 것이 아닐까 오해를 하곤 해요. 사슴풍뎅이는 꽃무지과 곤충으로 긴 다리가 매력적인 곤충이에요. 위협을 느끼면 긴 다리를 펼쳐 적을 위협한답니다.

사슴풍뎅이

사슴벌레의 금색 털

사육 난이도 ★★　　인기도 ★★★★★

크기는 크지만 온순하고 소심해요!
왕사슴벌레

학명 Dorcus hopei binodulosus
길이 수컷 23~76mm, 암컷 22~47mm
수명 2~4년
온도 24~30℃

내가 수컷!

암컷　　수컷

왕사슴벌레는 크기가 크고 온순한 성격으로 사슴벌레 중에서 가장 인기가 많아요. 추위를 잘 견디고 수명이 꽤 긴 편입니다. 겨울에 동면을 하면서 4년까지 살았던 왕사슴벌레도 있어요.

왕사슴벌레는 구름버섯이 핀 참나무를 좋아해요. 사슴벌레들이 좋아하는 참나무는 사람들이 버섯을 재배하거나 장작용으로 사용되지요. 그러다 보니 서식지가 많이 파괴되었어요. 왕사슴벌레도 개체 수가 크게 줄어 숲에서 찾기는 쉽지 않아요. 하지만 인기가 굉장히 많아서 인공 사육으로는 많은 수의 개체가 보존되어 있어요.

숲에서 사슴벌레를 만나면 왕사슴벌레인지 어떻게 알아볼까요? 날개를 보면 돼요. 암컷과 소형 수컷의 날개에 **점열**(점이 모여 줄무늬를 이룬 것)이 있어 구분할 수 있답니다. 다른 사슴벌레와 비교해 보세요.

왕사슴벌레를 몸이 긴 체장형, 턱이 굵은 극태형으로 나누기도 합니다. 사슴벌레 턱의 폭(위에

왕사슴벌레의 점열

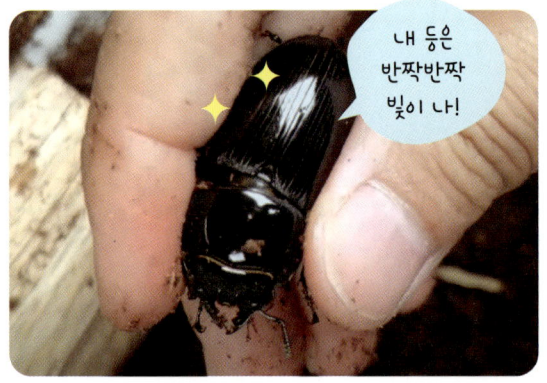

내 등은 반짝반짝 빛이 나!

광택이 나는 왕사슴벌레 암컷

체장형과 극태형 왕사슴벌레

체장형과 극태형 왕사슴벌레의 악후 비교

서 볼 때)을 '악폭', 턱의 두께(옆에서 볼 때)를 '악후'라고 해요.

최근 여러 곤충 마니아들이 왕사슴벌레와 근연종(생물을 분류했을 때 가까운 종류)이자 중국에서 온 호페이 왕사슴벌레와 일본에서 온 왕사슴벌레를 교잡시켜 몸길이를 늘리고 턱의 두께를 두껍게 만들고 있어요.

왕사슴벌레는 계절 감각이 뛰어나서 온도를 잘 맞춰 주면 봄이라고 느껴 짝짓기를 해요. 굉장히 온순하고 소심한 성격을 지닌 개체들이 많기 때문에 자연스럽게 짝짓기를 유도해야 해요. 사육장을 잘 꾸민 다음에 한 쌍을 넣어요.

짝짓기를 마친 왕사슴벌레 암컷은 대부분 산란목에 알을 낳아요. 산란목을 밖에 꺼내 두는 노출 산란법으로 꾸며 주기도 합니다. 왕사슴벌레의 산란목은 덜 썩은 것을 써요. 단단한 나무도 잘 파기 때문이지요. 잘 먹는 암컷이라면 산란 양이 많을 수 있으니 산란목을 더 넣어 줘도 돼요. 더워지는 6~8월이 되면 알을 낳아요.

왕사슴벌레 노출 산란법은 톱밥을 절약할 수

생생 영상

체장형과 극태형 왕사슴벌레

브르는 극태형 왕사슴벌레가 더 좋아요~!

있어요. 알을 낳았는지 눈으로 확인할 수 있다는 장점도 있지요. 톱밥은 은신처로 사용합니다.

하지만 밖에 있는 만큼 산란목 수분이 잘 날아가요. 너무 습하게 두어도 곰팡이가 생길 수 있으니 습도를 잘 맞춰야 해요. 곰팡이가 생겨도 산란은 잘하니 큰 걱정은 하지 않아도 돼요.

왕사슴벌레 노출 산란법

1. 톱밥을 1~2cm 두께로 단단하게 다져요.
2. 그 위에 물에 불린 산란목을 올려요.
3. 젤리와 곤충 이끼로 산란목 주변을 꾸며요.

산란목

왕사슴벌레 수컷(왼쪽)과 암컷(오른쪽)

생생 영상

왕사슴벌레 노출 산란법은 이렇게 따라 해요!

잘 꾸며 주면 알이 더 건강할 거야.

산란목에서 자란 애벌레

52

사육 난이도 ★　　인기도 ★★★★★

싸움을 좋아하는 국민 사슴벌레
넓적사슴벌레

학명 Dorcus titanus castanicolor
길이 수컷 38~85mm, 암컷 28~44mm
수명 1~2년
온도 24~30℃

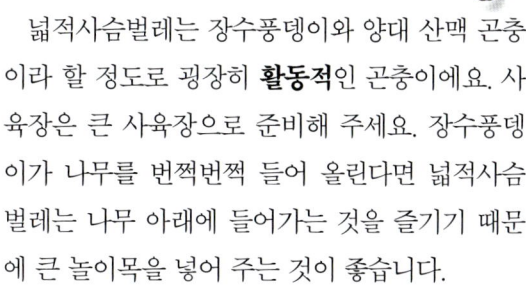

화나면 다 들어 버릴 거야!

넓적사슴벌레는 우리나라에서 굉장히 흔하게 볼 수 있는 사슴벌레입니다. 어렸을 때 누구나 한 번은 봤던 사슴벌레이지요. 사슴벌레 중에서 실제로 처음 봤던 것이 넓적사슴벌레였습니다.

넓적사슴벌레는 이름 그대로 몸집이 큰 대형종인 데다가 굉장히 호전적인 사슴벌레입니다. 다른 곤충이나 말벌을 만났을 때 싸움을 걸어 이기곤 하지요. 같은 넓적사슴벌레끼리 만나도 수액을 차지하느라 엄청난 싸움을 합니다. 넓적사슴벌레가 참나무에 붙어 있으면 손으로 떼어내기 힘들 정도로 힘이 세지요. 숲에서는 빠르면 5월, 늦게는 11월까지 만날 수 있어요.

사슴벌레 중에서도 힘이 가장 세고 수명도 길어요. 번식도 쉽지요. 처음 곤충을 키우는 사람에게 추천하는 사슴벌레입니다.

넓적사슴벌레는 장수풍뎅이와 양대 산맥 곤충이라 할 정도로 굉장히 **활동적**인 곤충이에요. 사육장은 큰 사육장으로 준비해 주세요. 장수풍뎅이가 나무를 번쩍번쩍 들어 올린다면 넓적사슴벌레는 나무 아래에 들어가는 것을 즐기기 때문에 큰 놀이목을 넣어 주는 것이 좋습니다.

넓적사슴벌레는 짝짓기를 비교적 잘하지만 암컷의 반항이 심하면 수컷이 암컷을 죽이기도 해요. 크기 차이가 많이 나지 않는 암수를 만나게

당연하지!

우리 같은 넓적사슴벌레 맞아?

넓적사슴벌레 암컷 두 마리

해 주세요. 수컷은 60밀리미터, 암컷은 35밀리미터 정도가 적당해요.

넓적사슴벌레는 턱이 일자형인데, 턱 길이가 25밀리미터 이상 길면 장치형, 짧으면 단치형이라고 해요. 턱 길이가 몸길이의 25퍼센트보다 길면 장치형이라고 합니다.

요즘 인공으로 번식된 넓적사슴벌레들의 크기가 계속 커지고 있습니다. 턱의 길이가 긴 넓적사슴벌레는 23밀리미터 정도 돼요. 한국에서도 초대형 사이즈가 나왔다고 하는데요.(14쪽 참조) 여러분도 이렇게 큰 넓적사슴벌레로 키울 수 있습니다! 함께 도전하지 않을래요?

넓적사슴벌레 암컷(왼쪽)과 수컷(오른쪽)

단치형 넓적사슴벌레　　　　장치형 넓적사슴벌레

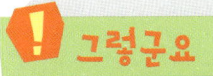 그렇군요

곤충의 길이를 재요

곤충의 길이를 잴 때는 '버니어 캘리퍼스'라는 도구를 사용합니다.

버니어 캘리퍼스

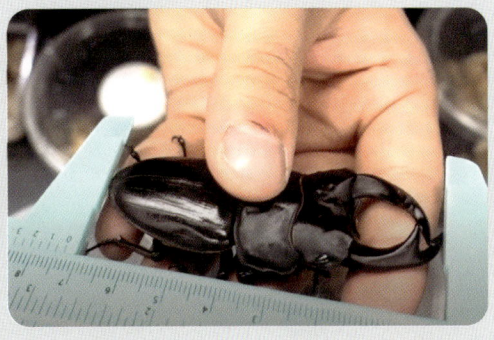
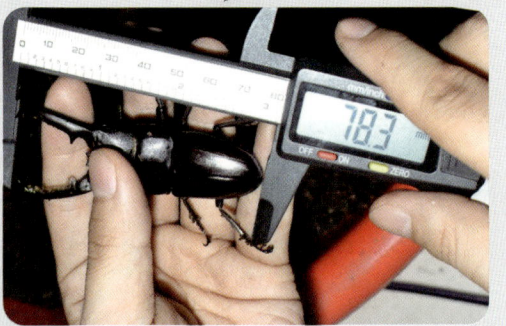

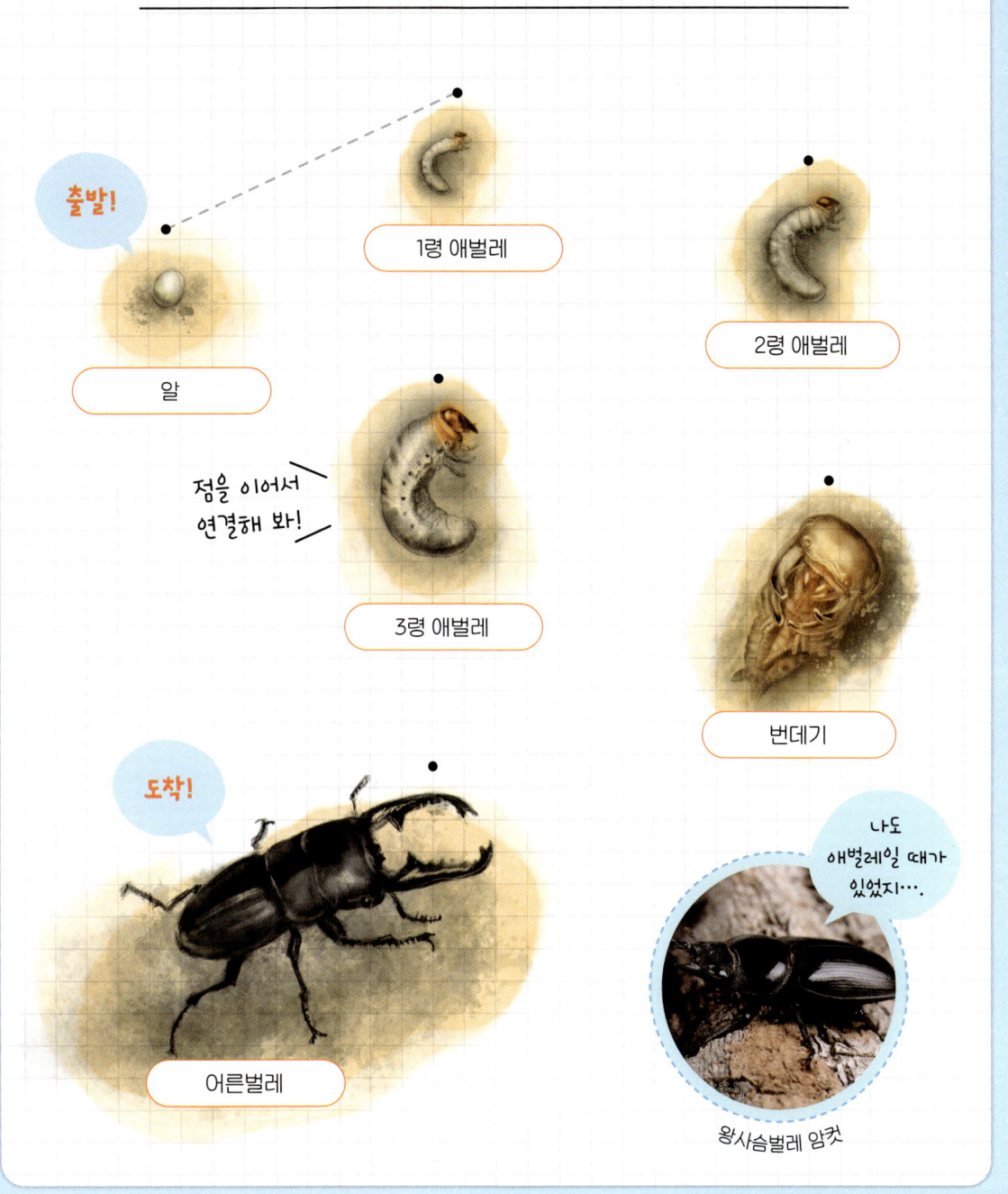

알맞은 답을 골라 보세요!

1 사슴벌레 애벌레가 먹고 자라는 먹이의 이름은 무엇일까요?

① 고구마
② 균사
③ 사랑

난 사슴벌레 애벌레!

2 사슴벌레 암컷이 산란하는 나무를 무엇이라 부를까요?

① 번데기방
② 단풍나무
③ 산란목

3 장수풍뎅이와 사슴벌레는 번데기가 되기 위해 방을 만들어요. 번데기방을 세로로 만드는 곤충은 무엇일까요?

① 장수풍뎅이
② 사슴벌레
③ 사슴풍뎅이

정답 1번: ② 균사, 2번: ③ 산란목, 3번: ① 장수풍뎅이

사육 난이도 ★   인기도 ★★★★★

턱이 톱처럼 생긴 난폭한 싸움꾼
톱사슴벌레

학명 Prosopocoilus inclinatus
길이 수컷 23~73mm, 암컷 23~35mm
수명 3~7개월
휴면기 2~4개월
온도 24~30℃

톱사슴벌레는 보통 붉은색을 띠고 종종 검붉은 색을 띱니다. 수명이 다른 사슴벌레에 비해 짧은 편이지만 휴면기(번데기에서 어른벌레가 된 다음 쉬는 기간)가 길어요. 짧게는 2개월에서 길게는 4개월로 굉장히 깁니다.

사슴벌레는 크기에 따라 턱의 길이, 두께, 형태가 모두 다른데, 톱사슴벌레는 머리가 작고 가슴이 둥근 편이에요. 하지만 사슴벌레 중에 가장 변이가 심한 사슴벌레이지요. 어른벌레의 크기가 7.3센티미터까지 기록된 적이 있어요. 대형 톱사슴벌레는 턱이 많이 휘어 있답니다. 턱이 화려하고 세련되게 생겼지만 걸을 때는 뒤뚱뒤뚱 걷는 허접한(?) 모습도 볼 수 있답니다.

톱사슴벌레는 턱의 내치가 톱처럼 생겼다고 해서 톱사슴벌레라는 이름이 붙었어요. 하지만 크기가 커질수록 턱이 둥글어집니다. 내치 또한 개수가 적어져요. 둥근 턱을 정면에서 보면 황소 같기도 하지요. 생김새뿐만 아니라 굉장히 호전적인 성격 탓에 곤충 마니아에게 인기가 많답니다. 전국 어디에서나 잡을 수 있다는 장점도 있어요.

톱사슴벌레 암컷

곤충 젤리를 먹고 있는 톱사슴벌레

톱사슴벌레는 땅 위에 노출된 썩은 나무보다 나무 밑동에서 주로 채집됩니다. 애벌레는 땅에 길게 뻗은 나무뿌리를 따라 가며 배를 채우기 때문에 겨울이 오면 땅으로 더 깊숙이 들어갑니다. 톱사슴벌레 암컷도 다른 사슴벌레처럼 주로 톱밥에 산란합니다. 물론 산란목에 알을 낳는 암컷도 있습니다.

그렇군요

톱사슴벌레의 친척을 소개합니다!

톱사슴벌레와 가까운 종으로는 두점박이사슴벌레와 기라파 톱사슴벌레가 있어요. 얇은 몸과 긴 턱이 특징이에요.

생생 영상

오랜 기다림 끝에 톱사슴벌레 발견!

기라파 톱사슴벌레

사육 난이도 ★   인기도 ★★★

아이처럼 작아서
애사슴벌레

학명 Dorcus rectus rectus
길이 수컷 15~48mm, 암컷 20~32mm
수명 1~2년
온도 24~30℃

수컷   암컷

애사슴벌레 번데기

애사슴벌레는 공원이나 뒷산에서 쉽게 발견할 정도로 흔한 사슴벌레입니다. 아이처럼 작다고 애사슴벌레라는 이름이 붙을 정도로 작습니다. 애사슴벌레 수컷도 대부분 4.5센티미터가 안 됩니다. 더 크게 키우려고 도전했으나 실패했어요.

애사슴벌레는 먹성도 좋고 활발한 성격이지만 체격이 작다 보니 다른 사슴벌레에게 밀리기 십상이에요. 수액을 먹을 때도 눈치를 보면서 먹곤 해요. 애벌레나 어른벌레 모두 키우기 쉽고 산란도 잘해요. 곤충을 처음 키운다면 애사슴벌레를 추천합니다!

톱밥 산란과 산란목 산란 두 가지 모두 좋아하며 잘하는데, 산란의 양이 10~30개 정도로 다른 사슴벌레에 비해 많은 편은 아닙니다. 어른벌레로 2년 정도 살아요.

생생 영상

애사슴벌레를 연달아 채집하다!

뒷산에만 갔는데도 애사슴벌레를 여러 마리 만날 수 있었어요.

난 왕사슴벌레 암컷!

난 애사슴벌레 암컷이야. 크기 차이가 많이 나지?

왕사슴벌레   애사슴벌레

59

사육 난이도 ★★★   인기도 ★★

반짝반짝! 광택이 나는
참넓적사슴벌레

학명 Dorcus consentaneus consentaneus
길이 수컷 19~60mm, 암컷 18~32mm
수명 1~2년
온도 24~30℃

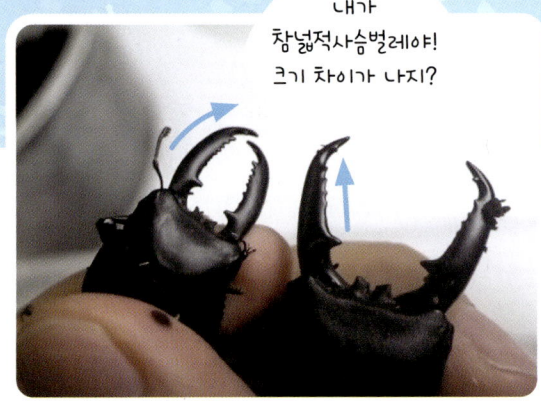

참넓적사슴벌레(왼쪽)와 넓적사슴벌레(오른쪽)

참넓적사슴벌레는 참나무 군락지에서 종종 보이는 사슴벌레입니다. 애사슴벌레, 넓적사슴벌레, 톱사슴벌레가 채집되는 곳에서 발견이 되며, 작지만 꽤나 싸움을 잘하는 사슴벌레로 알려져 있어요. 우리나라뿐만 아니라 일본, 중국에 서식합니다.

참넓적사슴벌레는 넓적사슴벌레와 굉장히 비슷하게 생긴 사슴벌레입니다. 크기만 줄어든 모습이지요. 참넓적사슴벌레는 크기 상관없이 광택이 좋은데, 소형 넓적사슴벌레도 광택이 좋아서 둘을 쉽게 헷갈릴 수 있습니다.

참넓적사슴벌레와 넓적사슴벌레가 비슷하게 생겼지만 구별할 수 있는 방법도 많답니다. **턱이 둥글면 참넓적사슴벌레**이고, 쭉 뻗어 있으면 넓적사슴벌레입니다. 또 뒷다리에 가시 돌기가 없으면 참넓적사슴벌레이고, 가시 돌기가 있으면 넓적사슴벌레입니다. 이 외에도 턱의 내치, 날개 끝부분 등 구별하는 방법이 많습니다.

수명은 1~2년으로, 사슴벌레 중에서 수명이 긴 편이에요. 사육도 굉장히 쉽지요. 작다 보니 사육장도 작은 것을 쓰고 먹이도 적게 먹습니다. 애사슴벌레만큼 작고 귀여운 사슴벌레예요.

참넓적사슴벌레는 크기가 작다 보니 클린케이스 대(30쪽 참조) 크기면 아주 호화로운 사육 환경을 만들어 줄 수 있습니다. 참넓적사슴벌레 수컷은 먹이 그릇 근처에서 주로 활동하지만 암컷은 땅속에 항상 들어가 있기 때문에 발효 톱밥을 7센티미터 이상 두께로 깔아 주면 좋습니다. 산란목도 꼭 묻어 주세요. 먹이 그릇 근처에는 수태를 깔아서 아늑하게 만들어 주세요!

참넓적사슴벌레 암컷

사육 난이도 ★★★★ 인기도 ★★★★

소나무를 먹고 자라는
꼬마넓적사슴벌레

학명 Aegus laevicollis subnitidus
길이 수컷 12~33mm, 암컷 10~20mm
수명 1년
온도 24~30℃

수컷   애벌레

'애거스'라고도 불러요. 소형 사슴벌레에 속해요. 꼬마넓적사슴벌레는 개체 수가 계속 줄어 외뿔장수풍뎅이와 함께 멸종위기 동식물 준위협 종으로 지정되었어요.

꼬마넓적사슴벌레는 우리나라에서 제주도, 홍도, 거제도 등 남해안 섬에서만 채집이 되는 독특한 사슴벌레예요. 크기는 1.5~3센티미터로 작습니다. 뿔꼬마사슴벌레보다는 조금 더 큽니다.

꼬마넓적사슴벌레는 개체마다 산란 수가 차이가 많이 나요. 산란을 많이 하더라도 애벌레가 굉장히 약한 편이라 쉽게 죽기 때문에 사육하기 쉽지는 않습니다. 참나무와 팽나무를 먹는 다른 애벌레와 다르게 꼬마넓적사슴벌레 애벌레는 소나무를 먹으며 살아요.

또 다른 사슴벌레가 번데기방을 만들 때 꼬마넓적사슴벌레는 누에고치처럼 '**코쿤**'을 만들어 그 안에서 번데기로 시간을 보냅니다. 다른 사슴벌레와 많이 다른 편이지요.

생생 영상

꼬마넓적사슴벌레를 만나요!

꼬마넓적사슴벌레의 코쿤이에요!

꼬마넓적사슴벌레보다 크기는 작지만 뿔은 더 멋있어!

뿔꼬마사슴벌레

잘 썩은 소나무 톱밥

꼬마넓적사슴벌레 한 쌍

꼬마넓적사슴벌레를 키우려면 바닥재로 소나무 톱밥을 준비해야 합니다. 꼬마넓적사슴벌레는 습도가 매우 높은 곳에서 썩은 소나무를 먹고 살기 때문에 잘 썩은 소나무 톱밥이 필요해요. 손으로 뭉쳐서 꽉 짰을 때 물이 나올 정도로 축축한 소나무 톱밥을 넣어 줘야 합니다.

참나무 톱밥을 줘도 되지만 초미립자로 된, 아주 잘게 부서진 톱밥을 줘야 해요. 꼬마넓적사슴벌레가 살던 나무의 조각이나 흙을 가져와 잘게 부서진 참나무 톱밥과 섞어 쓰는 것도 좋아요.

애벌레는 소화력이 굉장히 약한 편이라 잘 썩은 톱밥을 쓰는 게 중요하답니다. 참나무 톱밥을 먹고 자란 친구들은 소나무 톱밥을 먹고 자란 친구들보다 몸이 작은 편이었어요.

꼬마넓적사슴벌레는 온순하고 소심하기 때문에 자연스럽게 짝짓기를 유도해야 해요. 번식욕이 강한 편이기 때문에 환경만 잘 갖춰 준다면 짝짓기는 문제없을 거예요! 짝짓기를 마친 암컷은 산란목보다는 잘 다져진 톱밥에 주로 알을 낳는답니다.

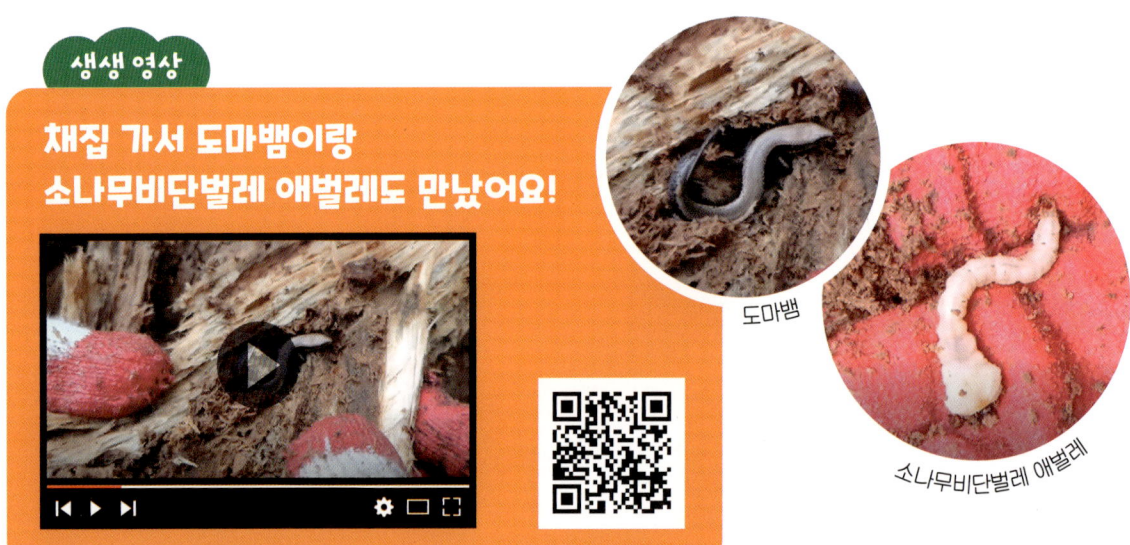

생생 영상

채집 가서 도마뱀이랑 소나무비단벌레 애벌레도 만났어요!

도마뱀

소나무비단벌레 애벌레

특집! 신기한 곤충 2

멋진 사슴벌레 친구들을 소개합니다

습도가 높으면 검은색이 되고
습도가 낮으면 황금색이 돼요!

로젠버기 황금사슴벌레

턱이 기린의 목처럼 길어서
기라파라고 불려요.

기라파 톱사슴벌레

세계에서 가장 아름다운 사슴벌레예요.

초록빛도 나고
금빛도 나!

뮤엘러리 사슴벌레

턱이 가위 모양으로 가늘고 길어요.

내 턱이
사슴 뿔을
닮았대.

엘라푸스 가위사슴벌레

두꺼운 턱이 아래로 굽어 있어요.

내 턱보다 두꺼운 턱은 없을걸?

헥사페리 큰턱사슴벌레

남아메리카의 대표 사슴벌레예요.

내 턱은 아주 날카롭다고! 조심해.

다윈 사슴벌레

눈이 부실 정도로 빛나요.

타란두스 광사슴벌레

등에 멋진 얼룩말 무늬가 있어요.

제브라 톱사슴벌레

사육 난이도 ★★ 인기도 ★★★★

털도 많고 번식도 많이 하는
털보왕사슴벌레

학명 Dorcus carinulatus koreanus
길이 14~26mm
수명 1~2년
온도 24~30℃

털보왕사슴벌레 수컷

털보왕사슴벌레는 작고 귀여운 크기에 등에 점열이 있어요. 몸이 오돌토돌하고 털이 황색이라는 점이 인상적인 사슴벌레입니다. 애벌레 기간이 짧아 1년이면 짝짓기부터 산란, 애벌레, 번데기, 어른벌레까지 이 과정을 두 번이나 볼 수 있습니다.

털보왕사슴벌레는 우리나라에서 인기가 많아진 지 얼마 되지 않았습니다. 강원도나 남해안에서 볼 수 있다고 해요. 국내에서 채집된 기록이 많지 않을 정도로 귀하지만 단순 번식은 쉬워 곤충을 분양하는 샵에서 쉽게 분양받을 수 있습니다.

수컷은 암컷보다 턱이 좀 더 긴 편입니다. 워낙 크기가 작은 종이다 보니 수컷과 암컷을 구별하기 쉽지는 않아요. 암컷이 수컷보다 턱 끝이 뾰족하기 때문에 턱으로 구별하기도 합니다.

털보왕사슴벌레 크기가 워낙 작다 보니 사육장에 나무껍질과 수태를 촘촘히 넣어 주면 좋습니다. 워낙 크기가 작아 곤충 젤리 속에 빠져 익사하는 경우도 있으니 젤리는 반으로 잘라서 조금씩 주세요.

털보왕사슴벌레의 사육장

워낙 작아서 턱이 있는지는 자세히 봐야 알 수 있어요.

채집한 털보왕사슴벌레 수컷

나무 속 털보왕사슴벌레 애벌레

3령 애벌레

번데기도 작아요.
3령 애벌레도
그리 크지 않아요.

짝짓기를 시킬 때는 조금 작은 통에 암컷과 수컷을 넣어요. 넓으면 둘이 만날 확률이 적어지기 때문이지요. 크기는 작지만 암컷은 알을 80개까지도 낳아요. 산란은 주로 산란목에 합니다. 산란목이 클수록 산란양이 늘어나니 기억해 두세요! 이때 산란목은 손으로 파도 잘 파질 정도로 물에 잘 불린 것을 쓰세요.

구멍에 애벌레가 보여요!

털보왕사슴벌레 번데기

생생 영상

산란목에서 털보왕사슴벌레 채집하기!

사육 난이도 ★★   인기도 ★★★★

아직 네가 궁금해!
엷은털왕사슴벌레

학명 Dorcus tenuihirsutus
길이 15~22mm
수명 1~2년
온도 24~30℃

엷은털왕사슴벌레가 처음에는 대만 왕사슴벌레로 알려졌어요. 나중에서야 새로운 종으로 인정받아 한반도 고유종으로 자리 잡은 사슴벌레입니다. 강원도와 경상도, 전라도에서 가끔 발견된다고 해요.

오래된 나무에서 애벌레가 채집이 된다는 사실 말고는 알려진 정보가 많지 않아 생태 연구가 더 필요한 사슴벌레입니다.

털보왕사슴벌레와 사육 방법이 유사하지만 조금 더 어렵다고 해요. 털보왕사슴벌레보다 털이나 점열이 적고 색이 더 어둡다는 특징이 있습니다. 암컷과 수컷 중 색이 더 짙은 것이 암컷이랍니다.

산란목이 클수록 산란을 더 많이 합니다.

산란목

생생 영상

엷은털왕사슴벌레 애벌레랑 알 발견!

사육 난이도 ★★★★ 인기도 ★★

더위를 싫어하는
다우리아사슴벌레

학명 Prismognathus dauricus
길이 수컷 15~42mm, 암컷 13~26mm
수명 1~2개월
온도 24~30℃

다우리아사슴벌레는 호전적이며 성격이 급해요. 늦여름에 1개월 정도밖에 살지 못합니다. 크기가 크지는 않지만 굉장히 독특한 턱과 똘망똘망한 눈망울을 가진 사슴벌레입니다. 밤갈색이 예뻐 인기가 많지만 수명이 짧고 더위에 약하다 보니 키우기 쉽진 않아요.

일본에서는 다우리아사슴벌레를 한국의 '로젠버기 황금사슴벌레'라고도 부른대요. 인도네시아의 로젠버기 황금사슴벌레와 비슷한 턱을 가졌기 때문이지요. 로젠버기 황금사슴벌레는 몸이 건조하면 황금색, 젖으면 검은색으로 바뀌는 신기한 사슴벌레예요.

다우리아사슴벌레는 푹 삭은 참나무에서 자주 발견되는데, 애벌레들은 나무를 미리 갉아 두었다가 시간이 지나 삭으면 먹습니다.

산란장에는 오래 썩혀 굉장히 무른 산란목과 톱밥을 둡니다. 사육장의 온도를 잘 유지해 주세요. 온도가 높아지면 산란을 하지 않고 쉽게 죽곤 합니다. 알 크기가 좁쌀보다 작아 발견하기 쉽지 않아요. 1령 애벌레가 될 때까지 산란장을 가만히 두는 것이 좋습니다.

내가 로젠버기 황금사슴벌레!

로젠버기 황금사슴벌레

턱이 비슷하지?

다우리아사슴벌레

사육 난이도 ★★ 인기도 ★★★★★

제주도에서 만나!
두점박이사슴벌레

학명 Prosopocoilus astacoides blanchardi
길이 수컷 45~65mm, 암컷 28~39mm
수명 1년
온도 24~30℃

두점박이사슴벌레는 활발하고 호전적인 사슴벌레예요. 제주도, 중국, 타이완, 네팔, 몽골에 서식합니다. 우리나라 사슴벌레 중 유일한 주황색 사슴벌레예요. 등 양쪽으로 난 점 두 개 때문에 이름이 두점박이가 되었답니다. 수컷의 머리 가운데에 돌기 두 개가 위쪽으로 솟아 있어요. 이 돌기 덕분에 곤충 마니아에게 인기가 많아요.

우리나라에서는 **제주도**에서만 살아가는 종이에요. 야생동식물 멸종위기 등급인 사이테스(멸종위기에 처한 동식물 교역에 관한 국제 협약) 2급에 속하는 사슴벌레예요. 인공적으로 번식시킨 수컷만 분양이 가능합니다. 생물 연구소와 곤충 생태관 등 여러 기관에서 두점박이사슴벌레의 인공 증식을 성공시켜 숲으로 돌려보냈어요. 현재는 보호가 잘 이루어져서 숲에서도 종종 만날 수 있답니다. 자연 개체가 더 늘어나면 두점박이사슴벌레를 자주 만날 수 있겠지요?

두점박이사슴벌레는 톱사슴벌레와 가까운 종으로 습성이 같아 같은 곳에서 함께 만날 수 있어요.

등에 난 점

주황색을 띠는 등

땅으로 들어가는 두점박이사슴벌레

아야!

이렇게 사랑을 표현하다니….

6~8월에 제주도에 가면 편의점 불빛을 보고 날아오는 두점박이사슴벌레를 볼 수 있을 거예요.

두점박이사슴벌레는 습한 곳에서 자라는 참나무와 팽나무를 즐겨 먹습니다. 참나무 또는 팽나무의 잎과 줄기에 상처를 내 나오는 수액을 먹으며 살아가요. 종종 떨어진 과일들을 핥아먹기도 한답니다.

? 궁금해요

제주도에서만 사는 사슴벌레가 있다고요?

뿔꼬마사슴벌레는 제주도에서만 서식해요. 육식을 하는 사슴벌레인데요. 팽나무에 굴을 파고 돌아다니며 애벌레를 잡아먹어요. 요새는 개체수가 크게 감소해 찾아보기 힘들답니다. 크기는 2센티미터가 안되고 대부분 어른벌레로 동면을 하는 사슴벌레예요.

길쭉꼬마사슴벌레도 만났어요! 엄청 작아요!

채집하다가 만난 길쭉꼬마사슴벌레

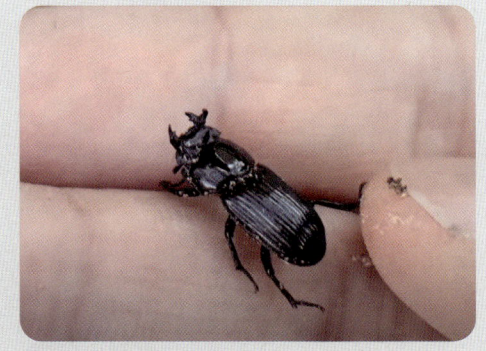

뿔꼬마사슴벌레

사육 난이도 ★★★★   인기도 ★

우리나라 사슴벌레 중에 가장 작아요
원표애보라사슴벌레

학명 Platycerus hongwonpyoi hongwonpyoi Imura et Choe
길이 8~14mm
수명 1~3개월
온도 22~24℃

원표애보라사슴벌레는 우리나라 사슴벌레 중 가장 작아요. 크기가 큰 친구도 2센티미터가 안 될 정도예요. 하지만 작은 고추가 맵다는 속담이 있지요? 원표애보라사슴벌레는 건조한 나뭇가지에서도 애벌레와 어른벌레가 관찰될 정도로, 생명력이 강하답니다.

우리나라 기준으로는 해발 300미터 이상 산에서 주로 발견이 됩니다. 지름이 3~10센티미터밖에 안 되는 작은 나무에서도 발견이 되지요. 암컷은 대부분 활엽수 나뭇가지에 산란을 하는데 그 흔적이 명확해서 채집하기 쉽습니다.

원표애보라사슴벌레의 생김새를 잘 알지 못한다면 거저리나 딱정벌레로 착각할 만큼 비슷하게 생겼어요.

수컷은 어두운 남색이나 녹색 등 색이 다양해요. 암컷은 흑갈색이나 담갈색을 띠지요. 잘 날기 때문에 5월에 참나무 숲에서 나는 모습을 볼 수 있어요. 작은 크기에 턱도 없어 인기가 많진 않아요.

높은 산에서 사는 만큼 온도는 22~24도로 낮게 맞춰 주세요. 채집한 곤충을 키우려면 채집했던 나무 또는 비슷한 나무를 사육장에 넣어 주는 것이 좋답니다.

! 그렇군요

새로 발견한 곤충 이름 짓기

원표애보라사슴벌레는 '홍원표'라는 사람이 발견해서 원표라는 이름이 붙었어요. 이처럼 새 곤충의 학명에 사람 이름을 넣기도 합니다.

이때 꼭 지켜야 하는 규칙이 있어요. 바로 학명에 들어가는 이름의 마지막을 'i'로 끝내야 한다는 규칙이지요. 국제곤충학명위원회에서 정한 규칙이랍니다. 따라서 원표애보라사슴벌레의 학명도 'hongwonpyo'라는 이름 다음에 i를 붙였답니다.

사육 난이도 ★★★ 인기도 ★★★

예민하니까 건들지 말아 줘
홍다리사슴벌레

- **학명** Dorcus rubrofemoratus rubrofemoratus
- **길이** 수컷 25~55mm, 암컷 20~38mm
- **수명** 1~2년
- **온도** 20~22℃

홍다리사슴벌레는 버드나무, 벚나무, 신갈나무 등 다양한 나무에서 발견됩니다. 크기는 2~5.5 센티미터로 우리나라 사슴벌레 중형종에 속해요. 홍다리사슴벌레는 배와 다리가 굉장히 붉어서 홍다리라는 이름이 붙은 사슴벌레입니다.

아담한 크기로 턱, 다리가 반짝반짝 광택이 나고 체형이 매끄러워 인기가 많은 사슴벌레예요. 다리와 엉덩이, 턱까지 광택이 잘 납니다. 성격은 굉장히 소심하기 때문에 사람의 인기척을 느끼면 빠르게 숨을 정도로 예민하답니다.

암컷은 산란목에 산란하는 것을 좋아하기 때문에 산란목을 꼭 묻어 주세요. 이때 산란목을 세로로 세워 주세요. 무른 나무보다 적당히 단단한 산란목이 좋아요. 산란목과 먹이 그릇 근처에 굴을 열심히 팔 거예요. 홍다리사슴벌레는 저온에 사는 사슴벌레로 온도가 높아지면 다우리아사슴벌레처럼 산란을 하지 않아요. 온도가 낮을수록 산란 양이 늘어나는 독특한 종입니다. 산란

내가 암컷!

난 수컷!

곤충 젤리를 먹는 홍다리사슴벌레

홍다리사슴벌레 애벌레

죽은 채 발견된 홍다리사슴벌레

> 채집할 때 만났던 홍다리사슴벌레인데, 죽어 있었어요.

장의 온도를 잘 맞춰 주세요.

홍다리사슴벌레는 강원도에서 종종 만날 수 있습니다. 산란 양이 많은 편이라 채집을 갔을 때 한 마리만 만나는 것이 아니라 떼로 만나는 경우가 많습니다.

크기가 큰 홍다리사슴벌레는 비행을 좋아하진 않아요. 소형 홍다리사슴벌레는 잘 날지만 크기가 클수록 잘 날지 않지요. 강원도에서 등화 채집했을 때 날기 귀찮은 듯 큰 수컷이 밝은 등 쪽으로 열심히 걸어오는 모습을 본 적이 있습니다.

갓 우화한 홍다리사슴벌레 암컷

> 이렇게 빨개요.

홍다리사슴벌레의 붉은 다리

생생 영상

홍다리사슴벌레 산란 해체 현장!

재미있는 곤충 퀴즈 2

장수풍뎅이 × 사슴벌레

1 턱이 톱니처럼 생긴 사슴벌레예요.
사진 속 사슴벌레의 이름은 무엇일까요?

① 꼬마사슴벌레
② 톱사슴벌레
③ 왕사슴벌레

2 장수풍뎅이 수컷과 암컷을
어떻게 구별할까요?

① 긴 뿔
② 냄새
③ 소리

난 수컷~.

3 장수풍뎅이의 한살이 순서를 맞혀 보세요!

①    ②    ③    ④

답: 1번 ② 톱사슴벌레, 2번 ① 긴 뿔, 3번: ①-③-④-②

74

2장

타란툴라를 키워요

복슬복슬 까칠까칠 타란툴라

타란툴라는 공포 영화에 참 많이 나와요.
어두운 굴에서 소리 없이 나타나 사람을 물거나
독으로 기절시키곤 하지요. 하지만 몇몇 타란툴라만
맹독성이고 대부분 타란툴라는 독성이 약하답니다.
타란툴라는 알면 알수록 생각보다 귀여운 점이 많아요.
어떤 귀여운 점이 있는지 알아볼까요?

레드로즈

스탬프 트랩도어

셀먼 핑크 버드이터

크세네스티스 블루

나무위성 타란툴라의 사육장

버러우성 타란툴라의 사육장

버러우성 타란툴라인 블루 바분도 나무 위에 오르는 걸 즐겨요.

타란툴라는 어디에 사는지에 따라 나뉘어요. 나무 위 구멍이나 가지, 잎에 거미줄을 치는 **나무위성**(교목성) 타란툴라, 땅에 굴을 파는 **버러우성**(지중성) 타란툴라, 땅 위에서 돌아다니는 **배회성** 타란툴라가 있어요. 또 건조한 곳에 사는지 습한 곳에 사는지에 따라서 건계 타란툴라와 습계 타란툴라로 나뉘지요.

나무위성 타란툴라는 움직이는 속도가 빠른 편이라 초보자가 기르기 어렵답니다. 대표적으로는 그린 보틀 블루, 오렌지 바분 종류, 핑크 토 종류, 오너멘탈 종류가 있어요. 버러우성 타란툴라는 타이 제브라, 타일랜드 블랙, 타이 타이거, 코발트 블루, 소코트라 블루 바분, 혼드 바분 등이 있어요. 배회성 타란툴라로는 자이언트 화이트니, 바히아 스칼렛 버드이터, 골리앗 버드이터 등이 있답니다. 하지만 타란툴라가 배회성이라고 해서 땅 위에서만 돌아다니는 것이 아니라 나무 위에 오르고 땅을 파기도 합니다.

? 궁금해요

타란툴라는 왜 거미줄을 치나요?

거미줄에 걸린 먹이를 진동으로 알아채고, 적으로부터 몸을 숨겨요. 알집을 지키거나 습도 유지를 위해 친답니다.

사육장 속 거미줄

코발트 블루

멕시칸 레드 럼프

타란툴라는 검은색부터 형광 빛이 나는 색깔까지 색이 정말 다양해요. 타란툴라 마니아들은 어떤 타란툴라를 키울지 색깔로 고르기도 해요.

타란툴라를 처음 키우는 친구라면 배회성 타란툴라를 추천해요. 땅 위에서 살기 때문에 먹이를 먹는 모습이나 물을 마시는 모습 등 다양한 모습을 관찰하기가 좋아요. 또 건계보다 습계 타란툴라를 키우는 것이 더 쉽답니다. 어떤 타란툴라를 키울지 고민이라면 그 타란툴라가 어떤 환경에서 사는 타란툴라인지 꼭 알고 입양하세요.

타란툴라를 나눌 때, 방어하고 공격하기 위해 털을 날리는 **뉴월드 종**과 털을 날리지 않는 **올드월드 종**으로 나누기도 해요. 뉴월드 종은 아메리카 대륙에서 온 친구들이고, 올드월드 종은 아시아, 아프리카, 유럽 대륙에서 온 친구들을 말해요. 뉴월드 종으로는 자이언트 화이트니, 그린 보틀 블루 등이 있고, 올드월드 종으로는 우잠바라 오렌지 바분, 인디언 바이올렛 등이 있답니다.

난 배회성!

블루 바분

난 나무위성!

우잠바라 오렌지 바분

뉴월드 종

자이언트 화이트니

그린 보틀 블루

올드월드 종

우장바라 오렌지 바분

인디언 바이올렛

타란툴라는 모두 독을 지니고 있어요. 종마다 독성에 차이가 있지요. 몇몇 맹독성 타란툴라에게 물리면 혼수상태에 빠질 만큼 위험하지만 대부분 타란툴라의 독은 벌의 독보다 약해서 몇 시간 정도 아프고 말지요.

! 그렇군요

타란툴라의 털을 조심해요!

쐐기털(독을 지닌 털)을 가진 타란툴라들은 무언가가 자신에게 다가오면 털을 날려 방어하고 공격해요. 콜롬비아 자이언트 레드레그라는 타란툴라는 뒷다리로 적을 쳐 공격하기도 한대요.

생생 영상

정브르, 타란툴라 성지에 가다!

나도 털을 날리는 팜포 마스카라!

몸의 구조와 한살이

곤충은 몸이 머리, 가슴, 배로 나뉘어 있지만 타란툴라는 머리와 가슴이 붙어 있어요. '머리가슴'과 '배'로 나뉘어요.

배
배 끝에 실젖이 있어요. 거미줄을 만드는 실샘과 연결되어 있어요. 실은 단백질로 이루어져 있어요.

눈
홑눈이 8개 있어요.

독니
먹이를 사냥하는 데 쓰는 이빨이에요.

식각
머리가슴 쪽에 있는 다리 한 쌍은 수염 기관, 즉 생식기예요. 더듬이 다리라고도 해요. 사냥하거나 짝짓기할 때 사용해요.

다리
다리는 총 네 쌍으로 여덟 개가 있어요.

? 궁금해요

거미는 왜 거미줄에 걸리지 않을까요?

거미는 거미줄을 만들 때 세로줄부터 만들어요. 그다음 가로줄을 만드는데, 가로줄에만 끈끈한 액을 묻힌답니다. 그래서 거미는 거미줄 위에서 움직일 때 세로줄로만 다녀요.

그림으로 보는 한살이

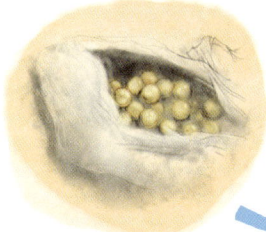

알
어미는 알에 공기가 잘 통하도록 알집을 열심히 굴려요. 알은 2~3개월 뒤에 부화해요.

님프
알에서 부화하면 님프가 돼요. 2~3주 뒤에 스파이더링이 돼요. 온도에 따라 달라집니다.

스파이더링
님프에서 탈피하면 스파이더링이에요. 2~3주가 지나면 유체라고 볼 수 있어요.

유체(새끼)
독립 생활을 시작할 때예요. 아성체를 지나 성체가 되지요. 성체가 되려면 1~4년 정도 걸려요.

성체
성체가 될수록 색이 더욱 아름다워져요. 암컷은 10년, 수컷은 2년 정도 살아요.

님프

알과 님프

님프 모양이 꽃게 같지 않나요?

! 그렇군요

타란툴라 방어와 공격

타란툴라도 소리를 낼 수 있어요. 털을 비벼 소리를 내요. 타란툴라가 사는 곳에 무언가가 들어오려고 할 때 소리를 낸대요. 또 적이 다가오면 앞다리를 들어 올리면서 독니를 보여요.

다가오기만 해!

우짐바라 오렌지 바분

암수 구별하기

타란툴라는 배의 형태, 생식기 모양 등으로 암수를 구별할 수 있어요. 식각이 가늘고 배가 크며 다리가 짧으면 암컷, 식각이 두껍고 배가 작으며 다리가 길면 수컷일 확률이 높지요.

암수를 구별하는 가장 확실한 방법은 탈피 껍질에 수정낭(암컷의 생식기)이 붙어 있는지 보는 것이에요. 탈피 껍질의 배 안쪽에 수정낭이 있으면 암컷, 없으면 수컷이라 볼 수 있어요.

타란툴라는 보통 암컷이 수컷보다 오래 살아요. 종에 따라 다르지만 암컷은 10~20년 정도, 수컷은 3~5년 정도 산답니다.

수컷(왼쪽)과 암컷(오른쪽)

암컷의 탈피 껍질

수정낭

생생 영상

국내 타란툴라 넘버원 브리더 멍이멍이 님 사육방에 놀러 갔어요!

❓ 궁금해요

낙타거미는 거미가 아니라고요?

낙타거미는 생긴 것도 거미, 이름도 거미이지만 거미가 아니에요. 절지동물에 속하는 생물이랍니다. 이름이 낙타인 것과 다르게 싸움을 좋아하고 힘이 세다고 해요. 사막에서 낙타를 쫓아 다닌다고 해서 낙타거미라는 이름이 붙었다고 하네요.

낙타거미

사육장을 만들어요

타란툴라들은 보통 따로 키워요. 블루 바분 타란툴라 종류는 같이 키우기도 하지만 한 마리 한 마리에 관심을 쏟기는 어려워 따로 키우는 것을 추천합니다.

사육장은 직사광선이 들지 않는 곳에 둬요. 온도와 습도 변화가 크지 않은 곳이 좋지요. 건계 타란툴라라도 적정 습도를 잘 유지해 줘야 하고 습계 타란툴라라도 환기를 잘 시켜야 하지요.

타란툴라는 나무위성, 배회성, 버러우성으로 나누어지기 때문에 그에 맞는 사육장을 준비하세요. 높은 곳에 사는 나무위성 타란툴라에게는 위로 높은 사육장을, 땅 위에서 사는 배회성 타란툴라는 넓은 사육장이 필요해요. 버러우성 타란툴라는 바닥재를 두껍게 깔아 주면 됩니다.

타란툴라가 벽을 타다가 떨어지면 배가 터져 죽을 수도 있기 때문에 나무위성 타란툴라의 사육장 안에는 코르크 보드를 벽에 기대어 세로로 세워 주세요.

사육장을 타란툴라와 식물을 함께 키우는 비바리움으로 꾸미는 사람도 많아요. 타란툴라를 키우는 재미뿐 아니라 꾸미는 재미도 함께 느낄 수 있지요.

타란툴라도 온도와 습도가 중요해요!
타란툴라가 사육장 벽에만 붙어 있거나 한 곳에만 있다면 온도와 습도가 적당한지 확인해 주세요.

나무위성 타란툴라 사육장

배회성 타란툴라 사육장

벽에 대고 세운 코르크 보드

사육장 속 은신처

바닥재에 곰팡이가 많이 피었거나 타란툴라가 커져서 옮겨야 할 때 빼고는 사육장을 안 건드리는 것이 좋아요. 스트레스를 받기 때문이지요. 타란툴라를 새 사육장으로 옮겨야 할 때는 긴 핀셋을 타란툴라 배 뒤에 대어 스스로 움직이게 해 주세요. 새 집에 온 타란툴라는 충분히 쉴 수 있게 두어야 합니다.

사육장은 쉽게 만들 수 있어요. 버러우성과 배회성 타란툴라는 낮은 사육장을, 나무위성 타란툴라는 높은 사육장을 준비해요. 바닥재를 깔고 은신처와 물그릇을 넣으면 완성이랍니다.

❓ 궁금해요

다른 반려동물과 같이 키워도 되나요?

집에 다른 반려동물을 키운다면 타란툴라의 독이 위험할 수 있어요. 사육장에서 타란툴라가 빠져나오지 못하게 잘 관리해야 해요. 쐐기털을 날리는 타란툴라라면 공기 중으로 쐐기털이 날릴 수 있으니 조심하세요.

거미줄을 친 나무위성 타란툴라

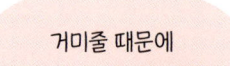
거미줄 때문에 바닥이 안 보일 정도예요!

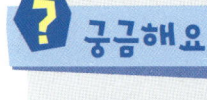
확! 털 날려 버려?

경계하는 타란툴라

사육 용품

사육장

투명 유리 사육장 또는 플라스틱 사육장을 준비해요.

장식품

이끼, 코르크 보드, 식물, 인조 넝쿨 등이 있어요. 식물을 넣는다면 줄기와 잎이 튼튼한 식물로 넣어 주세요. 나무위성 타란툴라의 경우 코르크 보드를 세워 집을 지을 수 있게 해요.

긴 핀셋

먹이를 집거나 타란툴라를 이동시킬 때 필요해요.

분무기

잎이나 벽, 바닥재에 물을 뿌려요.

바닥재

코코피트, 바크, 화분 흙이 있어요. 바닥재에 벌레가 생기면 갈아 주세요. 코코피트랑 황토를 섞어 사용하기도 해요. 타란툴라는 진동으로 움직임을 감시하기 때문에 무거운 흙을 섞어 꼭 필요한 진동만 느낄 수 있게 만들어 주세요.

은신처

밝은 빛을 피하고 안전하다고 느낄 만한 공간을 만들어 주세요.

버러우성·배회성 타란툴라 사육장 만들기

버러우성 타란툴라는 굴을 살짝 파 주면 알아서 터를 잘 잡는답니다.

1 코코피트를 깔아요. 버러우성 타란툴라는 더 두껍게 깔아 주세요.

2 은신처를 넣고 코코피트를 더 부어요. 작은 물그릇을 두면 완성!

속으로 들어갈 거야!

스탬프 트랩도어

버러우성 타란툴라

페트병으로 만든 스탬프 트랩도어 사육장

버러우성 타란툴라가 작은 개체라면 좁고 높은 사육장으로 준비하세요!

나무위성 타란툴라 사육장 만들기

새집을 만들어 준 다음에는 거미줄을 칠 시간을 주세요.

1 코코피트를 깔아요.

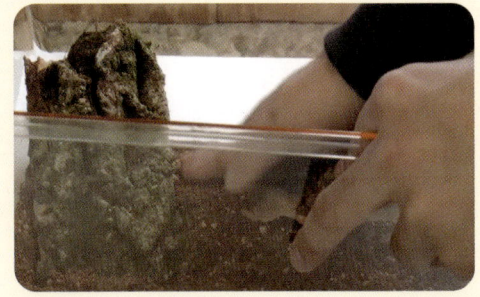

2 코르크 보드를 세로로 세워요. 안에 공간을 만들면 끝이랍니다.

나무위성 타란툴라의 집은 사육장 뚜껑에 가까이 있으니 사육장을 열 때 조심해요.

거미줄이 쳐 있는 코르크 보드

누가 감히 사육장을 열었느냐~!

우잠바라 오렌지 바분

잘 챙겨 주란 말이야!

먹이를 챙겨 줘요

타란툴라는 독니로 먹이의 목을 문 다음 독을 넣어 움직이지 못하게 마취시켜요. 먹이가 움직이지 못하면 그제서야 거미줄로 먹이를 말아요. 독에는 소화 효소가 있어 먹이가 적당히 녹으면 빨아 먹지요. 먹이의 털이나 껍질 같은 부분만 남는답니다.

나무위성 타란툴라는 벽에 거미줄을 치기 때문에 먹이를 거미줄 위에 두면 되고, 배회성 타란툴라는 땅 위에 두면 돼요. 버러우성 타란툴라라면 먹이를 굴 앞에 둬요. 아무도 없을 때 슬며시 나와 먹이를 먹을 거예요.

유체에게는 작은 밀웜, 아성체(유체와 성체의 중간)에게는 밀웜이나 작은 귀뚜라미를 줘요. 성체가 되면 크기에 따라 슈퍼 밀웜, 귀뚜라미, 쥐를 먹이면 됩니다. 종에 따라, 개체에 따라 좋아하는 먹이가 다를 수 있기 때문에 이것저것 먹여 보고 주 먹이를 정하는 게 좋아요. 야생에서 잡은 귀뚜라미는 기생충이 있을 수 있으니 먹이로 주지 말아요! 냉동 쥐는 생물 샵에서 팔아요. 냉동실에 두었다가 뜨거운 물에 녹여서 주면 됩니다.

먹이
밀웜, 귀뚜라미, 냉동 쥐

냉동 쥐
밀웜
귀뚜라미

집게로 귀뚜라미를 주는 모습

밀웜은 맛있어!
밀웜을 먹고 있는 타란툴라

먹이는 보통 일주일에 1~3번 넣어 주면 됩니다. 배가 통통하다면 배부른 것이고, 홀쭉하면 배가 고픈 상태예요. 각 개체의 크기, 먹성에 따라 먹이 크기와 먹이를 주는 횟수를 조절해 주세요. 같은 종이라도 잘 먹는 친구라면 일주일에 3~4번도 먹기 때문이지요. 보통은 타란툴라 크기의 반보다 조금 큰 먹이까지도 먹을 수 있답니다. 먹이의 크기와 횟수를 조금씩 다르게 주다 보면 먹이를 어느 정도 줘야 하는지 알게 될 거예요.

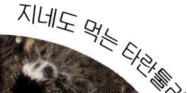
귀뚜라미 마취시키는 중….

귀뚜라미를 먹고 있는 타란툴라

먹이를 잘 안 먹는다면 며칠간 주지 말아요. 탈피하려고 준비하는 기간일 수도 있어요. 타란툴라는 땅의 진동에 예민하기 때문에 스트레스를 쉽게 받을 수 있는 기간인 탈피나 산란 기간에는 산 먹이보다 죽은 먹이를 주는 것이 좋아요.

특히 타란툴라가 허물을 벗는 동안에 더 조심해야 해요. 굉장히 약한 상태라서 잘못 건드렸다가는 죽을 수도 있어요. 특히 밀웜은 땅을 파고 들어가는 습성이 있기 때문에 죽여서 주는 것이 좋답니다.

지네도 먹는 타란툴라

생생 영상

거리에서 만난 거미에게 먹이를 줬어요! 어떻게 먹는지 살펴보세요!

특식으로 지네를 주기도 해요. 잘 먹지요?

89

건강하게 보살펴요

짝짓기와 산란

짝짓기를 하려는 타란툴라 한 쌍

짝짓기(메이팅)는 다 큰 성체끼리 해야 합니다. 성체가 되려면 수컷은 1년 6개월, 암컷은 2년 이상 걸려요. 수컷은 짝짓기를 할 수 있는 상태가 되면 식각 앞쪽, 즉 외부 생식기가 통통해집니다.

　짝짓기를 하기 전에 수컷은 **정자망**(정자를 담아 두는 거미줄)을 만들어요. 정자망을 만들기 위해 사육장 구석에 뒤집어 누워서 거미줄을 쳐요. 친 거미줄에 정자를 바르고, 식각으로 정자를 모아서 외부 생식기에 넣어 두어요. 정자를 다 모으면 쳤던 거미줄을 바로 없애 버리지요. 그리고는 암컷을 찾으러 사육장을 이리저리 돌아다닐 거예요. 수컷이 정자망을 친 흔적을 발견했다면 짝짓기 준비가 된 것이에요.

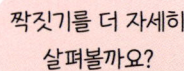
정자망

　짝짓기를 시킬 때는 암컷과 수컷을 사육장의 끝과 끝에 두고 서로 천천히 다가가게 만드는 것이 좋아요. 나무위성 타란툴라는 벽에서 시키는 게 더 잘되지요. 짝짓기는 빠르면 10초에서 20분까지 걸려요. 종마다 다르답니다.

암컷(왼쪽)과 수컷(오른쪽)

짝짓기를 더 자세히 살펴볼까요?

타란툴라 짝짓기 과정

QR 코드로 영상을 볼 수 있어요.

암컷(왼쪽)과 수컷(오른쪽)

1 암컷의 사육장에 수컷을 넣어요. 암컷이 심리적으로 안정을 느껴야 짝짓기가 성공할 확률이 높아집니다.

2 암컷이 거미줄에 자신의 페로몬을 묻혀요. 암컷이 페로몬을 맡고 다가온 수컷이 스테핑(stepping)을 해요. 다리로 땅을 두드리는 행동이랍니다.

다리 좀 들어 줄 수 있겠니?

3 스테핑을 하면서 짝짓기를 할 것인지 서로의 의사를 확인해요. 암컷도 수컷처럼 스테핑을 한다면 수컷을 받아들일 준비가 되었다는 뜻이에요.

4 암컷과 수컷이 가까워지면 수컷은 짝짓기할 때 암컷에게 잡아먹히지 않기 위해 암컷의 다리를 위로 잡아 들어요.

나 살려! 도망가자!

🔴5 수컷은 때를 노리다가 정자를 모아 두었던 외부 생식기를 암컷의 배에 있는 수정낭에 찌르고 달아납니다.

🔴6 암컷은 아파서 몸을 움츠리거나 수컷을 공격하려고 합니다. 이때 수컷을 분리해 줘야 안전합니다. 수컷이 종종 암컷에게 잡아먹히기 때문이지요!

암컷과 수컷 모두 탈피하는 시기를 피해서 짝짓기를 시켜야 해요. 탈피가 끝나고 2개월 정도 지난 다음 짝짓기를 시도하는 것이 좋아요. 탈피 기간 앞뒤로는 몸이 약할 뿐 아니라 탈피하면서 배가 고팠던 암컷이 짝짓기를 끝낸 후에 수컷을 잡아먹을 확률이 높아지기 때문입니다.

또한 암컷이 짝짓기를 한 지 얼마 안 되서 탈피를 하면 수컷의 정자가 담겨 있던 수정낭이 떨어져 나가서 짝짓기를 다시 시켜야 해요. 탈피 시기를 잘 피해야 합니다.

수컷을 암컷에게서 바로 떨어뜨리기 위해 핀셋을 들고 기다리고 있어요.

암컷(왼쪽)과 수컷(오른쪽)

짝짓기에 성공한 암컷은 알을 낳기 전에 거미줄로 안전한 공간을 만들어요. 짝짓기를 하고 나서 약 2~3개월 뒤에 알을 낳을 거예요.

임신 기간이 짧은 타란툴라는 1개월 정도, 임신 기간이 긴 타란툴라는 1년 넘게 걸리기도 해요. 암컷이 슬슬 배가 불러 오면 먹이 양을 늘려 주세요. 어미가 잘 먹어야 알의 수가 많아지고 크기가 커진답니다. 타란툴라 암컷은 알을 보통 20개 이상 낳아요. 2,000개 이상 낳는 타란툴라도 있답니다.

암컷은 알을 낳기 전에 바닥을 살짝 판 다음 거미줄을 두껍게 깔아요. 그곳에 알을 낳지요. 알을 낳는 모습을 보면 알들이 노란색 물처럼 흘러나와요. 시간이 지나면서 알처럼 모양이 잡힙니다. 알이 다 나오면 이 알들이 다 들어갈 알집을 만들어요. 알이 부화할 때까지 알집을 지켜요. 이 알집은 촘촘하고 두꺼워서 안에 뭐가 들었는지 잘 볼 수 없어요. 암컷은 알집을 물고 안전한 곳을 찾아 사육장 안을 이리저리 돌아다녀요. 알집을 잘 만들지 못하는 암컷도 있으니 잘 지켜봐 주세요.

숨어 있는 암컷

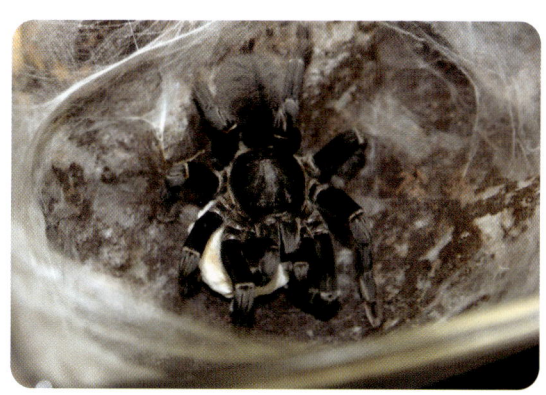
알집을 지키는 암컷

거미줄 속 흰색이 알집이에요!
타란툴라 알집

성장 과정

알은 부화하는 데 2~3개월 정도 걸려요. 한 달 정도 되면 알집을 어미에게서 분리해요.

알을 둘러싼 거미줄은 촘촘하고 두꺼워서 질겨요. 가위로 살짝 잘라서 열어 줍니다. 이때 검은 알이 보인다면 습도가 잘 맞지 않아 썩은 것이에요. 수시로 알집 속 알들이 공기와 만날 수 있게 알집을 하루에 여러 번 굴려야 하지요. 알 안에 하얗게 기포가 보인다면 무정란입니다. 유정란을 골라 옮겨 담아 주세요.

알집을 찢고 나온 님프도 볼 수 있을 거예요. 알집에서 님프가 나오면 2주 안으로 따로 키워야 합니다.

어미에게서 알집을 분리하는 이유는 어미에게 휴식 시간을 주고 알을 따로 관리해 부화 성공률을 높여 주기 위해서예요. 알집을 뺄 때는 어미가 흥분해 공격할 수 있으니 조심해야 합니다. 긴 핀

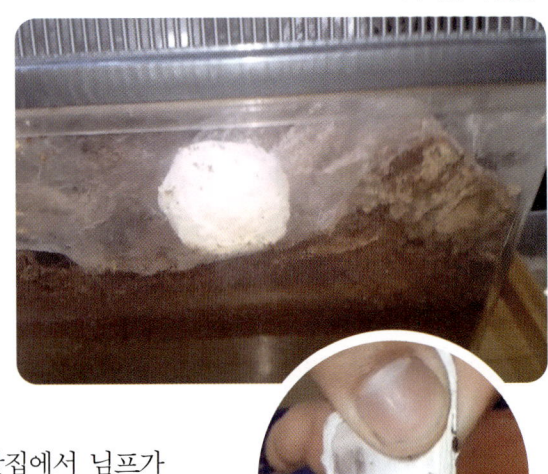

사육장 속 알집

알집은 굉장히 질겨요.

부화장 만들기

준비물 투명한 컵, 스타킹이나 양파망 또는 물에 적신 키친타월

1 컵에 스타킹을 씌워요. 또는 컵 안에 물에 적신 키친타월을 깔아요.

2 그 위에 알을 얹어요. 온도는 28도, 습도는 80퍼센트로 유지해요.

스타킹 부화장

양파망 부화장

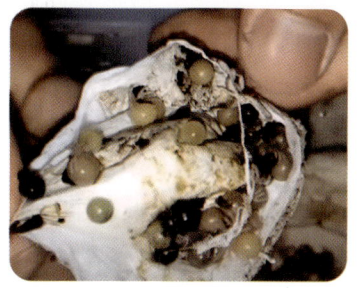
썩은 알

무정란

곰팡이가 핀 알집

셋으로 알집을 조심스레 잡아 옮겨요. 알들이 잘 부화할 수 있도록 부화장을 만들어 줘요.

님프, 스파이더링 상태일 때는 물그릇을 두지 않고 물을 자주 뿌려 줍니다. 부화장과 사육장의 습도를 높여 주세요. 유체가 되면 먹이를 찾으러 돌아다닐 거예요. 이때 유체보다 작은 크기의 먹이를 넣어 주세요. 유체는 곧 따로 키워야 합니다. 유체는 벽이나 바닥재의 물을 빨아 먹으니 수분이 부족하지 않게 바닥재에 물을 자주 뿌려 주세요. 물그릇을 놓을 필요가 없답니다.

먹이 찾아 삼만리~.
돌아다니는 유체

감히! 내 알을.

❓ 궁금해요

님프와 스파이더링?

님프는 알에서 막 나온 상태를 말하는 것으로, 걸어다니면 스파이더링이 됩니다. 스파이더링에서 탈피를 하면 유체라고 해요.

님프

스파이더링

작은 스푼으로 유체 분리

그린 보틀 블루 유체

유체 사육장

유체를 다른 사육장을 옮길 때 유체가 사육장 밖으로 도망가지 않게 조심해야 해요. 빠르게 움직이기 때문이지요. 도망가는 유체를 잡으려다가 긴 핀셋으로 너무 세게 잡거나 잘못 눌러 죽이는 경우가 종종 있으니 한 마리씩 조심스레 옮겨 주세요.

유체는 탈피를 하면서 커집니다. 사육장의 온도와 습도, 먹이 횟수에 따라 성장 속도가 달라집니다. 파충류와 마찬가지로 타란툴라도 탈피하기 전에 먹이를 먹지 않아요. 먹이를 일주일에서 한 달 정도 잘 먹지 않으면 탈피할 때가 된 거예요. 먹이를 잘 먹지 않고 배 색깔도 어두워져요.

얼른 탈피하고 싶다.

타란툴라 유체

생생 영상

타란툴라 탈피 빠르게 보기!

타란툴라는 탈피할 때가 되면 구석에 거미줄을 칩니다. 암컷이 알을 낳을 공간을 만드는 것처럼 탈피 기간 동안 안전하게 있을 곳을 만드는 것이죠. 이때 치는 거미줄이 촘촘하고 굵다 보니 사람들이 이 거미줄을 '침대'라고도 불러요.

타란툴라가 **탈피**할 때 꼭 알아야 할 것이 있어요. 탈피할 때 타란툴라가 뒤집어 누워 있다는 사실이지요. 사람들은 잘 키우던 타란툴라가 밥도 안 먹다가 뒤집혀 있으니 죽은 게 아닌가 하고 많이 놀라곤 해요. 하지만 죽은 것이 아니고 탈피할 준비를 하는 것이랍니다. 탈피 기간과 탈피 후 2주 동안은 특히나 타란툴라를 만지지 않도록 주의하세요.

사육장을 건들지 않되 습도를 유지하기 위해 구석에 물을 조심스레 부어 주세요. 타란툴라가 탈피를 하다가 다리를 잃기도 하는데 다음 탈피할 때 다시 자라니 걱정하지 말아요. 오래 산 타란툴라일수록 탈피 기간도 길어져요.

탈피를 끝낸 타란툴라는 영양분이 가득한 탈피 껍질을 먹기도 해요. 탈피 껍질을 사육장에 그대로 며칠간 두었다가 타란툴라가 더 건드리지 않으면 그때 빼세요. 탈피 껍질로 암수를 구별할 수 있으니 탈피 껍질을 잘 관찰해 보세요.(82쪽 참조) 탈피 껍질이 온전하다면 표본을 만들 수도 있어요. 도전해 보세요.

탈피 준비

탈피 끝

탈피를 하면 크기가 쑥쑥 커져서 뻥튀기 같다고도 표현해요.

수정낭이 있으니 암컷이에요.

암컷의 탈피 껍질

주의해요

타란툴라는 몸에 직접 손을 대면 위험하니 조심하도록 해요. 타란툴라를 이동시킬 때는 핀셋으로 몸을 찌르지 마세요. 핀셋을 몸에 살짝 대어 타란툴라가 스스로 움직이게 해야 합니다. 타란툴라는 사육장의 습도가 낮거나 높아서 죽는 경우가 많아요. 항상 사육장의 습도를 적절하게 유지해 주세요.

습해서 죽은 타란툴라

알겠어! 움직일게!

타란툴라를 잡는 방법

- 엄지와 검지로 타란툴라를 잡지 말아요.
- 높이 들어 올리지 말아요. 떨어뜨렸다가는 죽을 수 있어요.
- 얼음 삽 같은 도구로 바닥재와 함께 뜨는 방법이 안전해요.
- 핀셋으로 잡아야 할 때는 등을 잡아요.

브르의 타란툴라 사육 일기를 확인해 보세요.

생생 영상

브르의 타란툴라 사육 일기

다양한 타란툴라를 키워 보았어요.
어떻게 키웠는지 살펴보세요.

사육 난이도 ★★★   인기도 ★★★★★

타란툴라가 이렇게 순할 순 없다!
블루 바분

- **학명** Monocentropus balfouri
- **길이** 암컷 13cm, 수컷 10cm
- **수명** 암컷 10년, 수컷 2년
- **온도** 20~25℃
- **습도** 50~60%

인도양의 소코트라섬에서 온 블루 바분 타란툴라예요. 몸이 푸른빛을 띠고 성격이 순해 인기가 많아요. 무엇보다 합사가 가능한 타란툴라라는 점이 가장 큰 매력이랍니다. 합사가 가능한 이유는 블루 바분 타란툴라가 **사회성**을 지니고 있기 때문이에요. 먹이를 나눠 먹고, 서로 도와주며 산답니다. 다른 타란툴라와 달리 어미가 새끼들을 낳고 한동안 챙기는 모습도 볼 수 있어요. 어미가 먹이를 입으로 녹이면 새끼들은 녹은 먹이를 빨아 먹어요.

배 부분이 키위 같지 않나요?

거미줄로 가득 찬 사육장

거미줄로 길을 만든 블루 바분

블루 바분 사육장

먹이를 찾아다니는 블루 바분 유체

 블루 바분은 버러우성 타란툴라에 속하지만 땅 위를 이리저리 잘 돌아다녀서 배회성으로 보기도 합니다. 땅도 잘 파고 잘 돌아다녀서 사육장은 넓고 깊은 사육장으로 꾸며 주는 것이 좋아요. 성체 타란툴라라면 바닥재를 15센티미터 정도 두껍게 깔아 주세요.

 소코트라섬은 건조하기 때문에 사육장의 온도와 습도도 이에 맞춰서 유지해야 해요. 낮과 밤의 온도차를 2~3도 차이 나게 만들어 주면 더 좋답니다. 블루 바분을 키우다 보면 사육장이 거미줄로 가득 찰 거예요. 바닥이 보이지 않을 정도로요! 그 거미줄 사이사이로 유체들이 이리저리 돌아다니는 모습을 볼 수 있어요. 먹이를 줄 때도 거미줄에 먹이를 두면 굴 속에 숨어 있다가 나와서 가지고 들어갈 거예요. 청소하거나 사육장을 옮겨 줄 때 거미줄을 치우면서 타란툴라를 찾고 옮겨야 하기에 쉬운 일은 아니랍니다.

코발트 블루

코발트 블루랑 비슷하게 생겼어요. 몸쪽 다리에 털이 있다면 블루 바분이에요.

? 궁금해요

바분 타란툴라는 성격이 사납다고요?
바분(baboon)은 개코원숭이라는 뜻이에요. 개코원숭이처럼 성격이 포악하다고 해서 바분 타란툴라라는 이름이 생겼습니다. 다른 블루 바분과 다르게 소코트라섬에서 온 블루 바분은 성격이 순한 편입니다.

사육 난이도 ★　인기도 ★★★★★

내가 좀 크긴 해!
바히아 스칼렛 버드이터

학명 Lasiodora klugi
길이 암컷 20cm, 수컷 15cm
수명 암컷 13년, 수컷 4년
온도 23~26℃
습도 70~80%

큰 타란툴라를 좋아하는 친구들에게 추천하는 타란툴라예요. 브라질 바히아 지역에서 사는 타란툴라로, 골리앗 버드이터처럼 무거운 타란툴라예요. 암컷이 성체가 되면 크기가 무려 20센티미터나 되지요. 큰 크기만큼이나 먹성도 좋고 반응 속도도 빨라요. 반응 속도가 빨라서인지 사납기로 유명합니다. 먹이를 잘 먹고 잘 커서 키우는 재미가 있습니다. 알을 많이 낳는 타란툴라로도 유명해요.

성체를 보면 배에 붉은 털이 나 있어요. 검은색 몸에 붉은 털이라 눈에 잘 띈답니다.

분양 가격도 비싼 편이 아니라서 타란툴라를 처음 키우려는 사람들에게 인기가 많아요.

크기가 클 뿐만 아니라 **배회성** 타란툴라에 속하기 때문에 넓은 사육장을 준비하세요. 굴을 잘 파지 않고 거미줄도 잘 치지 않아서 관찰하기 쉽답니다. 배회성이다 보니 올라갈 수 있는 코르크

어른 손만 해요!

성체의 크기

배회성 타란툴라의 사육장

101

탈피 껍질과 타란툴라

털이 난 다리

털이 빠진 엉덩이

털이 언제 이렇게 빠졌지?

보드를 세워 주는 것도 좋아요. 바히아 스칼렛 버드이터는 털을 날리는 뉴월드 종이니 주의하세요.

버드이터 타란툴라를 '새잡이거미'라고도 불러요. 타란툴라가 자신보다 크기가 작은 새나 새의 알을 먹기도 해서 버드이터(bird eater)라는 이름이 붙었답니다. 버드이터 종류로는 골리앗 버드이터, 셀먼 핑크 버드이터, 헤이티안 브라운 버드이터 등이 있어요.

? 궁금해요

세계에서 가장 큰 독거미는?

바로 골리앗 버드이터예요. 크기가 어른 손바닥만 하지요. 크기가 크고 무거운 타란툴라이다 보니 세계적으로 인기가 가장 많아요.

골리앗 버드이터

탈피하면서 색이 점점 멋있어져요.

사육 난이도 ★ 인기도 ★★★★★

다리에 흰 무늬가 멋진
자이언트 화이트니

학명 Acanthoscurria geniculata
길이 18~22cm
수명 암컷 10년, 수컷 3년
온도 26~30℃
습도 80%

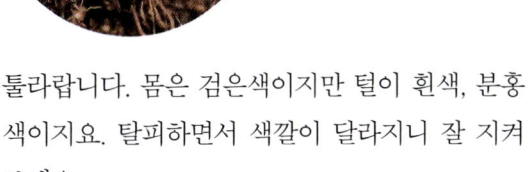

성체

유체

타란툴라를 좋아하는 사람들 사이에서는 '화니'라는 애칭으로 불릴 정도로, 입문 종으로 인기가 많은 타란툴라예요. 브라질에서 온 친구로 '브라질리언 자이언트 화이트니'입니다. 이름에 자이언트(giant)와 화이트니(white knee)가 들어가서 크기가 큰 타란툴라라는 점과 다리에 흰 무늬가 있다는 점을 알 수 있지요.

대형 타란툴라 중에서는 온순한 편이에요. 사육도 쉽고 배회성 타란툴라이기까지! 타란툴라를 처음 키우는 친구들에게 많이 추천하는 타란툴라랍니다. 몸은 검은색이지만 털이 흰색, 분홍색이지요. 탈피하면서 색깔이 달라지니 잘 지켜보세요.

브라질에서 온 친구이기 때문에 습도를 높게 잘 유지해야 합니다. 습도를 80퍼센트로 잘 맞춰 주세요. 넓은 사육장에 습도만 잘 맞춰 준다면 먹이도 잘 먹을 거예요. 먹성이 좋은 편인 데다가 먹는 대로 크는 친구입니다. 키우는 재미가 있

흰 무늬가 매력적인 다리

유체 때도 볼 수 있는 다리 무늬

엉덩이 털이 조금 빠진 모습

는 타란툴라이지요. 또한 암컷은 알을 낳을 때 1,000개 이상 낳는대요! 정말 많이 낳지요? 잘 먹는 만큼 알의 수가 더 많아진다고 하니 알아두세요.

자이언트 화이트니는 **뉴월드 종**으로 위협을 느끼면 엉덩이에 있는 털을 날려요. 털이 사육장 구멍을 통해 나올 수 있는데, 피부가 예민하다면 조심해야 해요. 타란툴라의 털에 약한 독성이 있기 때문에 피부가 가려울 수 있어요. 피부가 가렵다면 가려운 부분을 흐르는 물에 씻어 주세요. 집에서 강아지나 고양이를 키우는 친구라면 더 조심해 주세요!

지네를 먹고 있는 자이언트 화이트니

자이언트 화이트니 유체

사육 난이도 ★   인기도 ★★★★★

주황색, 초록색, 파란색이 한 몸에!
그린 보틀 블루

- **학명** Chromatopelma cyaneopubescens
- **길이** 10~15cm
- **수명** 암컷 10년, 수컷 2년
- **온도** 27~32℃   **습도** 50~60%

성체   유체

파란색 다리에 초록색 등, 주황색 배까지 알록달록 색깔이 아름다운 타란툴라예요. 초록색 등 때문에 그린 보틀(greenbottle)이라는 이름이 붙었다고 합니다. '그린볼'이라고 부르기도 해요. 유체의 색이 다양해요. 유체에서 성체가 될 때까지 색이 어떻게 변해 가는지 기록해 보세요.

그린 보틀 블루는 베네수엘라의 건조한 지역에서 와서 습한 곳을 싫어해요. 다른 타란툴라 사육장보다 습도를 낮게 유지해 주세요. 탈피할 때만 사육장 반대편에 물을 뿌려 평소보다 습도를 조금 더 높게 만들어 주세요.

배회성 타란툴라인데 나무위성 타란툴라처럼 높은 곳에 거미줄을 치기도 해요. 집이나 은신처에 코르크 보드 등을 비스듬히 놓아 주세요. 알아서 멋진 집을 지을 거예요. 관찰하는 재미가 있는 타란툴라입니다.

먹성이 좋아서 자기보다 큰 크기의 먹이도 곧잘 먹지요. 거식증에 잘 걸리지도 않아요. 타란툴라를 처음 키우는 사람도 오래 키우는, 생명력이 강한 타란툴라예요. 친구들도 도전해 보세요!

유체의 사육장

짝짓기를 준비하는 한 쌍

사육 난이도 ★★★★   인기도 ★★★★★

감히 날 건드려? 까칠한
우잠바라 오렌지 바분

학명 Pterinochilus murinus
길이 암컷 12cm, 수컷 7cm
수명 암컷 10년, 수컷 2년
온도 23~30℃
습도 70~80%

탄자니아 우잠바라산맥에서 온 타란툴라예요. '어셈바라 오렌지 바분'이라고도 해요. 색깔이 주황색으로 예쁘지요? 등에 멋진 무늬도 있어요. 우잠바라 오렌지 바분은 모프가 여러 개입니다. 모프란 한 종류의 동물에서 파생한 일종의 변이를 말해요. 모프마다 색깔이 다르지요. 주황색 우잠바라 오렌지 바분 두 마리가 짝짓기를 하면 유체도 주황색을 띨 확률이 높아져요.

우잠바라 오렌지 바분은 바분 타란툴라답게 사나워요.(100쪽 참조) 청소를 하거나 물을 뿌리려

난 멋진 주황색!

사육장 속 거미줄

그렇군요

모프가 다양해요
주황색을 띠는 TCF(typical color form), 검은색이나 어두운 색을 띠는 DCF(dark color form), 회색이나 은색을 띠는 KCF(kalahari color form) 등 다양한 모프가 있어요.

우잠바라 오렌지 바분 유체

경계하는 모습

고 사육장을 조금만 건드려도 앞다리를 확 들고 위협해요. 무엇보다 움직이는 속도가 빠르기 때문에 항상 뚜껑을 닫을 준비를 하고 있는 것이 좋답니다.

나무위성 타란툴라이기 때문에 벽에 잘 매달려요. 거미줄을 정말 끊임없이 만드는 타란툴라예요. 새 사육장에 몇 시간만 두면 지붕도 뚝딱 만들지요. 사육장에 은신처나 코르크 보드, 나뭇가지 등을 두어 멋진 거미줄을 칠 수 있게 도와주세요. 타란툴라가 친 거미줄을 유심히 살펴보세요. 마치 미로처럼 길이 나 있을 거예요. 길이 어떻게 이어지는지 찾아보는 재미도 있답니다.

주로 나무위성 타란툴라처럼 행동하지만 버러우성 타란툴라처럼 땅을 파기도 해요. 개체마다 다르기 때문에 키우면서 어떠한 행동을 많이 하는지 자주 관찰해 주세요. 버러우성 행동을 한다면 사육장의 바닥재를 5센티미터 두께로 깔아주세요.

꼭꼭 숨어야지.

어딜 건드려!

거미줄로 만든 안전한 공간

재미있는 절지동물 퀴즈 1

타란툴라

1 타란툴라가 거미줄을 치는 이유가 아닌 것을 골라 보세요.

① 진동을 느끼려고
② 먹이를 잡으려고
③ 끈적끈적한 게 좋아서

2 짝짓기를 할 때 바닥을 두드리는 행동을 무엇이라고 부를까요?

① 팝핀댄스
② 부채춤
③ 스테핑

3 타란툴라 암컷이 지키고 있는 것은 무엇일까요?

① 장난감
② 알집
③ 똥

정답 1번: ③ 끈적끈적한 게 좋아서, 2번: ③ 스테핑, 3번: ② 알집

3장

전갈을 키워요

살아 있는 화석 전갈

별자리가 전갈자리인 친구가 있나요?
전갈자리는 여름 밤하늘에서 볼 수 있는데요.
전갈은 먼 옛날 고생대에 등장해 지금까지 형태가
거의 변하지 않아, 살아 있는 화석이라고도 불려요.
사람들은 전갈 하면 독침을 지닌 무시무시한 동물이라고 생각하곤 해요.
하지만 친구들과 사이좋게 지내고, 새끼를 업어 키우는 전갈의 모습을 보면
생각이 달라질 거예요!

스클렉터리

극동전갈

110

전갈은 지구상에 약 1,700종이 있습니다. 한반도에는 딱 한 종인, 극동전갈이 있지요. 북한 황해북도에 주로 산다고 알려져 있어요. 북한에서는 극동전갈의 개체 수가 감소해 천연기념물로 지정해 보존하고 있다고 해요. 파주와 강화도에도 공식 채집 기록이 있어요.

야행성인 전갈은 거미나 파리, 바퀴벌레, 메뚜기 등을 잡아먹어요. 전갈은 집게로 먹이를 잡은 다음 독침으로 찔러 죽이지요. 전갈은 독을 지니고 있는데, 전갈의 독은 1~4등급으로 종마다 달라요. 사람에게 치명적인 독을 지닌 전갈은 30종이 안 된다고 해요. 또 전갈은 자신의 독에 면역이 있어 자신의 독침에 찔려도 괜찮답니다.

전갈은 단백질이 풍부한 식재료이기도 해요. 끓이고 말려서 한약재로 쓰기도 해요. 물론 독침은 잘라 낸 후에요! 전갈의 독에 말라리아와 관절염을 치료할 수 있는 성분이 있다는 연구 결과가 꾸준히 발표되고 있답니다.

건게 전갈

생생 영상

정브르, 극동전갈을 먹다!

? 궁금해요

많은 동물 중에 왜 전갈자리일까요?

그리스 신화에서 전갈자리가 탄생했어요. 자신이 가장 강한 자라고 거만하게 구는 오리온이라는 사냥꾼이 있었어요. 여신 헤라가 오리온에게 가르침을 주기 위해 전갈에게 오리온을 죽이라고 명했지요. 이에 전갈은 오리온을 죽인 대가로 별자리가 되었답니다.

몸의 구조와 한살이

전갈의 몸은 '머리가슴'과 긴 '배'로 나뉘어요.

꼬리
꼬리가 앞쪽으로 굽어 있어요.
꼬리마디 끝에 독침이 달려 있어요.

펙틴
배에 펙틴이라는 감각 기관이 있어요. 시력이 좋지 않은 대신 펙틴으로 진동을 느끼고 냄새를 맡는답니다.

배
배는 일곱 마디, 뒷배는 다섯 마디로 나뉘어 있지요. 숨을 쉬는 기공이 있어요.

눈
눈이 작지만 여러 개예요.
머리가슴 가운데에 한 쌍의 눈이 있고 옆에 2~5쌍의 옆눈이 있어요.
옆눈은 빛의 변화를 보는 기관이에요.

집게
집게 힘이 강해서 집게로 먹이를 찢어 먹기도 해요.

 궁금해요

암수는 어떻게 구별해요?
대부분 수컷이 암컷보다 작아요. 하지만 집게는 수컷이 훨씬 크고 통통합니다. 배에 펙틴(날개 모양)이 길면 수컷, 짧으면 암컷이에요.

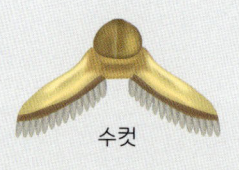 수컷
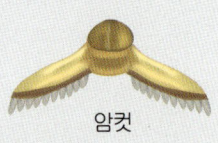 암컷

그림으로 보는 한살이

스콜플링
어미 등 위에서 자라요.
1~2주 정도 지냅니다.

유체~성체
탈피를 하며 몸이 커져요.
자라면서 탈피를 6~7번 해요.

성체
집게가 단단해졌어요.
성체로 5년 정도 살아요.

전갈은 습한 열대 우림부터 숲, 초원, 건조한 사막 등 다양한 곳에서 살아요. 모래나 바위, 동굴, 나무, 굴에서도 살지요. 동굴에 사는 전갈은 빛이 없는 곳에 살기 때문에 눈이 퇴화되어 앞을 볼 수 없기도 해요. 전갈은 습도가 높은 곳에 사는 습계 전갈과 습도가 낮은 곳에 사는 건계 전갈로 나뉘어요.

그렇군요

전갈인 줄 알았어요!
전갈이랑 비슷하게 생긴 비파앉은뱅이라는 곤충이 있어요. 꼬리만 없을 뿐 집게가 전갈 집게같이 생기지 않았나요? 제주도에서 채집한 제주두줄앉은뱅이도 있어요.

인도네시아에서 채집한 아시안 포레스트 전갈이에요!

비파앉은뱅이

제주두줄앉은뱅이

습계 전갈

건계 전갈

　습계 전갈은 대부분 온도와 습도가 높은 동남아 지역에서 살아요. 습계 전갈끼리 생김새나 습성이 굉장히 비슷하지요. 어디서 사는지에 따라 조금씩 차이가 있을 뿐이에요. 우리나라처럼 겨울이 있는 나라에는 서식하지 않아요. 습계 전갈은 웬만하면 먹이를 집게로만 사냥해요. 설치류나 파충류와 싸우거나 수컷 전갈끼리 싸워야 하는 상황이 오면 그때 독침을 사용해요.

　건계 전갈은 습계 전갈보다 집게가 작고 꼬리가 두꺼워요. 독성도 강하지요. 습도를 크게 신경 쓰지 않아도 된다는 점에서 습계 전갈보다 손이 덜 간다는 장점이 있어요.

　습계 전갈과 건계 전갈을 쉽게 구분하는 방법이 있어요. 바로 색깔이에요. 보통 색이 어두우면 습계 전갈, 색이 밝으면 건계 전갈로 구분한답니다.

　습계 전갈은 건계 전갈보다 느리게 자랄뿐더러 느린 만큼 수명이 길어요. 먹이도 적게 먹는 편이지요. 인내심이 강한 친구라면 습계 전갈 키우기에 도전해 보세요!

난 거미도 전갈도 아니야. 거미랑 전갈의 친척이라고 생각해 줘!

테일리스 휩 스콜피온

다양한 전갈을 만나요!

라우더스 다크
드워프 우드
아리조나 데빌
스클렉터리
이스라엘리 블랙
캐리비안 블루
데저트 헤어리
호텐토타 호텐토타
이스라엘리 골드
아프리칸 블랙테일

사육장을 만들어요

전갈은 밤이 되면 이리저리 움직이다가 날이 밝아지면 바위나 나무 구멍으로 숨는 절지동물이에요. 조용하고 은밀하게 움직이는 사냥꾼이지요. 따라서 집에서 키우려면 넓은 사육장에, 언제든지 쉽게 숨을 수 있는 은신처를 마련해 줘야 해요.

사육장이 넓으면 운동량도 높아집니다. 너무 크면 스트레스 받을 수 있으니 적절한 크기의 사육장을 준비해 주세요. 전갈 크기에 10~20배 정도 되는 사육장이 좋아요! 전갈은 소리와 진동, 빛에 예민하므로 책상 밑처럼 빛이 잘 들지 않는 어두운 곳에 사육장을 둬요.

건계 전갈도 습도를 맞추기 위한 물그릇이 필요합니다. 물그릇에 물이 항상 차 있도록 신경 써 주세요. 전갈이 물그릇 근처를 자주 돌면 사육장 습도가 낮은 탓일 수 있으니 습도를 확인해 보세요. 바닥재 역시 습도를 잘 유지하는 코코피트와 황토, 바크를 섞어 쓰는 것이 좋습니다.

새끼 때는 **단체 사육**이 가능합니다. 대신 은신처를 많이 두어야 탈피할 때 서로 싸우지 않고 빛을 피할 수 있어요. 전갈이 빨리 크는 모습을 보고 싶다면 온도를 조금 높게 설정해서 키우세요. 온도가 높아지면 식욕이 높아져 성장 속도가 빨라집니다. 온도가 떨어지면 식욕도 떨어지고 활동량이 줄어들어요. 습도가 맞지 않으면 탈피하기 어려워지기 때문에 잘 자라지 못합니다. 온습도계를 자주 확인해 온도와 습도를 유지해 주세요.

건계 전갈 사육장

온도
25~30℃

습도
습계 70~90%, 건계 40~50%

 **궁금해요**

식물이랑 같이 키워도 되나요?

습계 전갈이라면 식물을 넣어 같이 키워도 좋아요. 대표적인 습계 전갈인 황제전갈은 습도는 95~100퍼센트, 온도는 35도로 맞춰 줘야 해요.

사육 용품

전갈은 대부분 동남아 지역에서 서식하기 때문에 온도를 잘 맞춰 줘야 해요. 사육장의 온도를 맞추기 위한 전기장판이나 담요 등이 필요합니다.

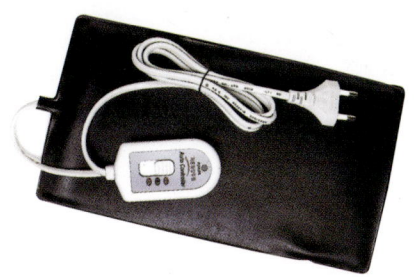

사육장

유리 사육장 또는 채집통을 준비해요. 가로 길이가 최소 40센티미터 이상 되는 것을 사용해요. 전갈은 빛을 싫어하기 때문에 반투명인 것이 좋아요. 힘이 센 전갈들은 뚜껑을 들 수 있으니 항상 뚜껑을 제대로 닫아 두어야 합니다. 은신처를 밟고 나올 수 있어요!

전갈은 높은 습도에서 살아가지만 다리나 몸통, 꼬리에 곰팡이(진균)가 생기기도 해요. 신선한 공기가 통하도록 환기도 신경 써야 합니다.

바닥재

습계 전갈은 황토, 코코피트, 흙을 쓰고, 건계 전갈은 주로 모래를 사용해요. 새끼를 키운다면 코코피트를 깔아 습도를 유지해 주세요. 전갈이 더 커지면 황토를 조금씩 섞어요. 6개월에 한 번씩은 바닥재를 갈아 주세요.

바크를 넣어 탈피를 도와요. 바닥재에 하얀 것이 있으면 전갈의 똥이니 치워 주세요. 사육장에 벌레가 생겼다면 바닥재를 모두 갈아 주는 것이 좋아요.

습계 전갈의 바닥재 　 건계 전갈의 바닥재

건계 전갈 사육장에도 물을 뿌려 주세요!

은신처

코코넛이나 세라믹으로 된 은신처, 작은 식물, 돌 등을 넣어요. 안전하게 탈피를 하고 쉬는 공간이 될 거예요.

건계 전갈의 바닥은 건조한 것이 좋으니 건계 전갈의 사육장에는 벽이나 은신처에 물을 뿌려 주세요. 새끼를 키울 때는 달걀판을 잘라서 은신처를 만들 수도 있어요.

온열 제품

가을이 되면 사육장 온도가 떨어질 수 있어 온도를 유지하는 전기장판이나 담요 등이 필요해요.

여름에는 에어컨으로 방이 추워질 수 있으니 사육장의 온도를 잘 살펴보세요. 빛이 많이 들어오는 곳에 사육장을 둬야 한다면 신문지나 담요를 덮어 어둡게 만들어 주세요.

긴 핀셋

전갈을 다룰 때 긴 핀셋이 필요해요. 전갈을 옮기거나 먹이를 넣어 줄 때 필요합니다. 전갈은 절대 손으로 만지지 마세요!

온습도계

사육장의 온도와 습도를 자주 확인해요. 환경을 잘 갖춰야 전갈 친구들이 건강하게 오래 살 수 있어요.

물그릇

물을 담는 그릇인 동시에 사육장 안의 습도를 유지하는 도구입니다. 습도를 잘 유지해야 탈피를 쉽게 할 수 있어요. 깊이가 깊지 않은 물그릇으로 준비해요.

새끼를 키우는 사육장의 물그릇에는 물에 적신 휴지를 넣어 익사를 방지해요. 물그릇에 자갈을 깔기도 해요. 물에 빠졌을 때 자갈을 밟고 나올 수 있도록 말이에요.

새끼 전갈 / 휴지를 넣은 물그릇

분무기

습도 유지를 위해 사육장에 물을 뿌리는 도구입니다. 하루에 한 번씩은 물을 뿌려 주세요.

> **! 그렇군요**
>
> **물을 조심히 뿌려요!**
> 전갈에게 물을 직접 뿌리는 것은 위험해요. 스트레스를 받거나 균이 생길 수 있답니다.

습계 전갈 사육장 만들기

1 코코피트를 깔아요.
양이 많을수록 습도 유지에 좋아요! 3~4센티미터 두께로 깔아요.

2 은신처와 물그릇을 두고 바크를 뿌려요.

건계 전갈 사육장 만들기

1 모래를 깔아요.

2 은신처와 물그릇을 둬요. 건계 전갈이라도 물을 자주 마시니 물그릇을 자주 확인해 주세요.

생생 영상

습계 전갈 사육장을 만들어요!

자이언트 블루라는 습계 전갈의 사육장을 만들어 봤어요. 차근차근 따라 만들어 보세요.

이 정도면 훌륭해!

난 건계 전갈! 모래 좋아~.

119

먹이를 챙겨 줘요

먹이는 일주일에 두세 번 챙겨 주세요. 먹이를 하루 동안 먹지 않았다면 빼고 새 먹이를 넣어 주는 것이 좋아요. 먹이를 자주 빼기 어려울 때는 '톡토기'라는 곤충을 넣어 주세요.(34쪽 참조) 톡토기가 곰팡이를 먹어서 냄새가 덜 납니다. 밀웜은 바닥재 안으로 잘 숨기 때문에 잘라 주세요. 새끼 때는 작은 밀웜과 귀뚜라미를 챙겨 줍니다. 성장과 탈피를 돕는 절지류 영양제 등을 먹이에 묻혀 주는 것도 좋아요.

전갈은 온도가 낮거나 탈피하는 동안에는 먹이를 먹지 않아요. 강제로 먹이를 주게 되면 스트레스를 받을 수 있으니 건들지 말고 온도와 습도에 신경 써 주세요. 먹이를 잘 먹지 않는 전갈에게는 밀웜이나 귀뚜라미를 잘라서 사육장 안에 둬요. 밤에 돌아다니다가 먹을 거예요.

야생에서 전갈은 먹이를 한 번 먹을 때 많이 먹고 덜 움직여서 에너지를 아껴요. 굴 앞에서 먹이를 기다리다가 먹이를 잡아먹는 친구도 있고, 사냥에 직접 나서는 친구도 있지요. 대형 전갈은 쥐 같은 척추동물도 잡아먹어요.

먹이
귀뚜라미, 밀웜, 슈퍼 밀웜

밀웜   귀뚜라미

밀웜을 잡은 호텐토타 호텐토타

밀웜과 귀뚜라미 중에 더 좋아하는 먹이로 주세요!

건강하게 보살펴요

짝짓기와 출산

전갈의 짝짓기를 살펴볼까요? 암컷과 수컷을 따로 키우다가 짝짓기할 때가 되면 합사를 시켜요. 6~7번 탈피하면 짝짓기를 할 수 있어요.

수컷과 암컷을 한 사육장에 두고 지켜보세요. 수컷이 암컷의 집게를 잡고 짝짓기하자는 신호를 보냅니다. 암컷이 이를 받아들이면 암컷과 수컷 둘이 함께 춤을 추지요. 춤을 추며 짝짓기를 준비해요. 짝짓기는 보통 5~20분 정도 걸리는데 몇 시간이 걸리기도 해요. 짝짓기를 마치면 수컷은 정자낭(정자를 담아 두었던 곳)을 떨어뜨린 다음 재빨리 암컷으로부터 도망쳐요. 도망치지 않으면 잡아먹히니까요!

짝짓기를 준비 중인 자이언트 블루 전갈 한 쌍

생생 영상

전갈 vs 항라사마귀

항라사마귀는 두 발을 모은 것이 기도하는 것 같아 '기도하는 사마귀'라고도 불린대요. 뽀얀 항라사마귀와 전갈을 마주 보게 하면 누가 이길까요?

내가 항라사마귀야!

짝짓기를 끝낸 암컷은 굴을 판 다음에 그 안에서 지내기 때문에 바닥재를 두껍게 쌓아 주세요. 구멍을 안 파는 암컷도 있으니 굴을 파지 않는다고 해서 이상이 있는 건 아니랍니다.

짝짓기를 한 암컷은 식욕이 증가하고 배가 조금씩 불러 와요. 짝짓기를 한 암컷은 6~10개월 뒤에 출산해요. 크기가 작은 종이면 임신 기간도 짧고 수명도 짧은 편이에요. 평소보다 온도를 1~2도 정도 더 높여 주세요. 알을 많이 낳는 암컷은 최대 100마리까지 낳기도 해요.

옆쪽 배가 벌어진 걸 보니 곧 출산할 것 같아요.

출산을 앞둔 호텐토타 호텐토타 암컷

출산한 이스라엘리 골드

전갈 산란장 만들기

준비물 사육장, 모래, 물

1. 사육장에 모래를 두껍게 쌓아요.
2. 전갈이 굴 모양을 잘 잡을 수 있도록 물을 뿌려요. 건계 전갈이라도 물을 잘 챙겨 주세요.
3. 손으로 구멍을 살짝 파서 암컷이 쉽게 굴을 팔 수 있도록 도와 줘요.

출산을 끝낸 암컷은 굉장히 예민하기 때문에 빛이나 소리, 진동에 신경 써 줘야 합니다. 배가 고프거나 스트레스를 받으면 새끼를 잡아먹을 수 있기 때문이지요.

암컷이 수컷이랑 짝짓기를 하지 않고도 임신하기도 해요. 이를 단성 생식(처녀 생식)이라고 하지요. 드워프 우드 전갈과 호텐토타 호텐토타 전갈 등이 단성 생식을 해요.

전갈은 알을 배에서 부화시킨 다음 새끼를 낳아요. 어미 배 안에서 자라다가 밖으로 나온 새끼를 **스콜플링**이라 합니다. 스콜플링

등에 올라가 있는 스콜플링

새끼들은 첫 번째 탈피를 하기 전까지, 1~2주 정도를 어미의 등 위에서 지냅니다.

　스콜플링 새끼들은 일주일 정도 먹이를 먹지 않아요. 일주일 정도가 지난 뒤 새끼 크기에 맞는 밀웜과 귀뚜라미를 넣어 줍니다. 밤에 돌아다니며 먹이를 먹을 거예요. 황제전갈 암컷은 새끼에게 먹이를 직접 잘라서 먹이기도 해요. 사육장의 온도와 습도를 조금 올려 주면 먹이에 잘 반응하고 활동성이 높아져 빠르게 성장합니다.

생생 영상

늦기 전에 새끼 전갈을 구출해요!

스콜플링을 등에 업은 드워프 우드 암컷

성장 과정

새끼가 첫 번째 탈피를 하고 나면 등 위에서 내려와 각자 흩어져 살아요. 새끼들이 어미 등에서 내려올 때쯤 어미와 분리해요.

새끼를 키우는 사육장의 물그릇에는 작은 돌이나 물에 적신 휴지를 넣는 것이 좋아요. 새끼가 물에 익사하는 경우가 많기 때문이지요. 물에 적신 휴지를 넣어 두면 휴지의 물을 잘 빨아 먹을 거예요. 밀웜은 작게 잘라 넣어 줘요. 새끼들은 독성이 약하거나 독침을 잘 쓰지 않아요. 하지만 탈피를 서너 번 한 이후에는 조심해야 합니다. 전갈은 탈피를 대부분 7번 정도 한답니다.

핀셋으로 전갈을 집을 때는 꼬리 윗부분을 잡아 들어야 해요. 빠르게 들어 올려 옮겨야 합니다. 새끼는 핀셋보다 큰 숟가락을 이용해 흙과 함께 퍼 옮기는 것이 좋아요.

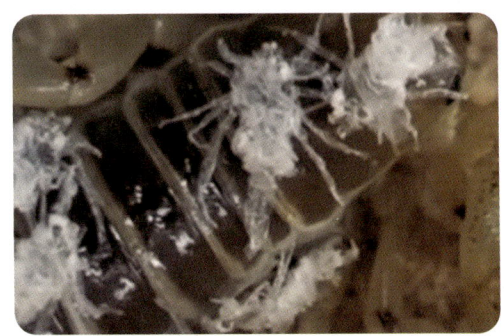

어미 등에 남은 새끼의 탈피 껍질

생생 영상

인도네시아로 전갈을 채집하러 갔어요!

아시안 포레스트 전갈도 만나고 식초전갈도 만났어요. 땅에 구멍이 난 곳에 긴 집게를 넣었더니 전갈이 나왔어요!

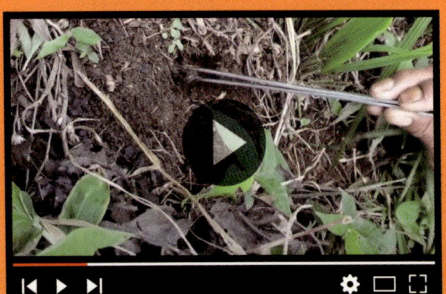

공격 자세인 전갈

사육 난이도 ★★   인기도 ★★★★

집게로 매력 뿜뿜!
아시안 포레스트 전갈

- **학명** Heterometrus petersii
- **길이** 14~16cm
- **수명** 5~10년
- **온도** 28~32℃
- **습도** 70% 이상

동남아시아 열대 우림에서 주로 사는 습계 전갈이에요. 크기가 크고, 멋진 검은색 전갈로 인기가 많아요. 사육하기 쉽고 입양 가격도 다른 전갈보다 저렴한 편으로 전갈을 키우려는 초보 사육자에게 딱 맞는 전갈이지요. 우람한 크기 덕에 '대왕 전갈'이라고도 불려요.

아시안 포레스트 전갈은 야생에서 깊은 굴에 모여 살지만 집에서 키울 때는 한 마리씩 키워야 합니다. 수컷끼리 싸울 수 있기 때문이지요. 전갈이 독침으로 앞만 공격할 것 같지만 몸을 돌려 뒤를 공격할 수 있으니 만질 때는 항상 조심해야 해요. 독이 꿀벌의 독이나 말벌의 독 정도로 약한 편이지만요! 또 움직이는 속도가 빠르니 알아두세요.

아시안 포레스트 전갈은 집게 힘이 강하다 보니 먹이를 사냥할 때 독을 쓰기보다는 집게로 먹이를 찢어 죽여요! 사냥하고 있는 모습을 보고 있노라면 영화 속에 나오는 무시무시한 전갈이 떠오르기도 해요.

아시안 포레스트 전갈 유체

얼른 탈피하고 싶다!

아시안 포레스트 전갈은 빛을 싫어하고, 따뜻하고 습한 곳을 좋아합니다. 낮고 넓은 사육장을 준비해 주세요. 온도 유지를 위한 전기장판이나 담요도 필요해요.

긴 집게를 넣어 전갈이 있는지 확인했어요.

전갈이 사는 굴

인도네시아에서 채집한 아시안 포레스트 전갈이에요!

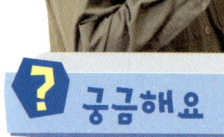 궁금해요

세계에서 가장 큰 전갈과 가장 위험한 전갈은?

전갈 중에 23센티미터까지 크는 엄청 큰 전갈이 있어요. 바로 인디언 자이언트 포레스트 전갈입니다. 어른 손을 펼친 것보다 큰 크기예요. 습한 곳에 사는 습계 전갈이에요.

가장 위험한 전갈은 바로 데스스토커 전갈이에요. 이름처럼 무시무시한 전갈입니다. 움직임이 빠르고 지닌 독도 굉장히 위험해요. 킹코브라의 독보다 독성이 더 강하다고 하네요.

인디언 자이언트 포레스트 전갈

데스스토커 전갈

사육 난이도 ★ 인기도 ★★★★★

옹기종기 모여 사이좋게 지내는
극동전갈

학명 Mesobuthus martensii
길이 6~8cm
수명 4~7년
온도 25~28℃
습도 50~70%

극동전갈은 따뜻하고 건조한 곳에서 사는 건계 전갈입니다. 우리나라, 중국, 일본 등에서 살아가고 있어요. '만주 전갈'이라고도 불려요. 꼬리가 노란색을 띠어 다른 전갈과 쉽게 구별할 수 있어요. 중국에서는 오래전부터 극동전갈의 독을 약재로 사용해 왔어요.

극동전갈은 크기가 작은 편이라 먹이를 일주일에 한 번 정도 챙겨도 괜찮답니다. 탈피할 때도 임신할 때처럼 배가 부풀어 오르니 알아두세요.

땅을 파는 전갈로, 바위에 잘 오르지 않아요. 낮은 사육장도 괜찮답니다. 번식이 쉬워 분양 가격도 저렴한 편입니다. 또 합사해도 잘 싸우지 않아 여러 마리를 같이 키우고 싶은 사람에게 추천합니다.

생생 영상

미어캣에게 전갈을 준다고요?

미어캣은 야생에서 독이 있는 전갈을 물어뜯어 먹어요. 독에 대한 내성이 있어서 미어캣에게는 전갈이 아주 좋은 간식이라네요.

나는 겁이 많아….

사육장 속 극동전갈

사육 난이도 ★　인기도 ★★★★

혼자서도 새끼를 낳아요!
호텐토타 호텐토타

학명 Hottentotta hottentotta
길이 5~8cm
수명 4~6년
온도 28~32℃
습도 50~70%

아프리카, 중동 지역에 많이 사는 전갈이에요. 초원이나 산림에 살지요. 성장 속도가 무척 빠르고 번식이 쉬워 인기가 많아요. 특히 단성 생식(처녀 생식)을 하는 전갈로, 전갈계의 모어닝 게코예요! 모어닝 게코는 단성 생식을 하는 도마뱀으로, 혼자서도 알을 낳아요.

호텐토타 호텐토타는 건계도 습계도 아닌 반건계 전갈이에요. 물을 사육장 한쪽에만 많이 뿌려 주는 것이 좋아요. 온도도 다른 전갈보다 조금 높게 유지해 주세요.

활발하게 움직이는 전갈은 아니에요. 먹이를 먹을 때만 움직이고 사육장 구석이나 숨어 있는 것을 좋아하지요. 그래도 먹성이 좋으니 먹이를 줄 때 관찰해 보세요.

브르는 이전에 키우던 사육장의 온도와 습도를 잘 조절해 주지

임신한 호텐토타 호텐토타

너도 혼자 새끼를 낳는구나!

새끼를 업고 있는 드워프 우드 전갈(왼쪽)과 단성 생식을 하는 모어닝 게코(오른쪽)

물을 잘 챙겨 줘!

호텐토타 호텐토타의 사육장

못해 임신했던 호텐토타 호텐토타가 유산한 적이 있답니다. 전갈이 임신했을 때는 스트레스를 받지 않도록 주의하세요. 친구들은 자주 관찰해 주길 바라요. 보통 다섯 번째 탈피가 지난 다음 출산해요. 임신 기간이 4개월 정도로 짧답니다. 탈피 주기도 2~4주로 짧은 편이에요.

호텐호타 호텐토타는 따로 키워요. 합사했다가는 서로 잡아먹을 수 있어요! 한 마리씩 키워 주세요.

단성 생식을 하는 다른 생물 친구를 찾아보세요!

! 그렇군요

식초전갈은 전갈이 아니에요!

건드리면 식초를 뿜는 식초전갈은 전갈이 아니랍니다. 전갈을 닮은 절지동물이에요. 독이 없고 독특하게 생겨 꽤 인기가 많은 친구랍니다.

인도네시아로 채집갔다가 만난 식초전갈이에요.

전갈

1 전갈은 몸에 독을 지니고 있어요.
독은 어디에 있을까요?

① 입
② 집게
③ 꼬리

2 적이 다가오면 시큼한 냄새를 뿌리는 ○○전갈이에요.
전갈은 아니지만 전갈이라고 불러요.
○○에 들어갈 단어는 무엇일까요?

① 식초
② 설탕
③ 초콜릿

3 어미 전갈은 새끼를 낳으면 등에 태우고 다녀요.
이 시기의 새끼를 뭐라고 부를까요?

① 목마
② 어부바
③ 스콜플링

정답 1번: ③ 꼬리, 2번: ① 식초, 3번: ③ 스콜플링

4장

지네와 노래기를 키워요

다리가 많아도 너무 많아요! 지네

플레임렉 센티패드

베트남 자이언트 센티패드

지네 하면 어떤 생각이 떠오르나요?
〈은혜 갚은 두꺼비〉라는 전래 동화에 무서운 괴물로 등장하기도 하고,
집에서 갑자기 나와 사람을 놀래키기도 해요.
다리가 많은 절지동물인 지네는 생김새 때문에 사람들에게 미움을 받곤 하지요.
하지만 절지동물을 좋아하는 마니아 사이에서는 정말 인기가 많은 생물이랍니다.

지네는 전 세계에 3,000여 종이 분포되어 있어요. 동남아시아뿐만 아니라 유럽, 아메리카 등 전 세계에 다양한 환경에서 살아가는 절지동물이에요. 영어 이름인 '센티패드'라고도 많이 불러요.

지네에 관심이 많은 친구라면 '거대 지네 4대 천왕(남미 4대 천왕)'을 들어 봤을 거예요. 기간티아(아마존 왕지네), 갈라파고엔시스(갈라파고스 왕지네), 로부스타, 위리디코르니스까지 전 세계에서 가장 큰 지네 4종을 말하는 것이랍니다. 이 지네들은 엄청난 크기와 빨간색, 검은색 등 강렬한 색깔이 특징입니다.

우리나라에 사는 지네는 외국에 서식하는 지네보다 크기가 작은 편이에요. 산의 바위, 낙엽 등에서 주로 만날 수 있어요. 나무로 지어진 집에서도 잘 나오지요. 왕지네는 다리 색이 빨간색, 노란색, 파란색 등 다양해요.

지네는 작은 동물을 잡아먹는 육식 동물이에요. 뱀이나 전갈도 먹지요. 밭에서는 작물의 뿌리를 갉아 먹는 해충을 잡아먹어 농사에 도움을 주는 친구이기도 합니다. 예부터 지네는 신경통이나 관절염을 치료하는 데 좋다고 해서 한약재로도 쓰여요.

밀웜을 먹고 있는 지네

몸의 구조와 한살이

지네는 다리가 15쌍(30개)인 지네부터 177쌍(354개)인 지네까지 다양해요. 우리나라에서 자주 보이는 지네는 대부분 다리가 21쌍(42개)이에요.

지네는 치명적이진 않지만 약한 독이 있어요. 혹시나 물리게 된다면 비누로 씻어 응급 처치를 한 다음 병원으로 가야 합니다. 지네 독은 산성이기 때문에 알칼리성인 비누로 씻어 준다면 통증을 줄일 수 있습니다. 지네는 무는 힘이 강하기 때문에 물리면 눈물이 나올 정도로 아프답니다.

지네는 보통 2~4년 살아요. 1년 정도가 지나면 성체가 돼요. 유체와 성체는 겨울부터 봄까지 반년 정도 썩은 나무에서 동면했다가 따뜻한 봄에 다시 활동을 시작합니다.

궁금해요

지네와 노래기는 어떻게 달라요?

가장 큰 차이점은 몸 한 마디에 지네는 다리가 한 쌍(2개), 노래기는 다리가 두 쌍(4개)이라는 점이에요.

내가 노래기!

다리
마디마다 다리가 한 쌍씩 있어요.
첫 번째 다리에 독 발톱이 있어요.
맨 끝다리는 걸을 때 사용하지 않아요.

숨구멍
옆구리에 숨구멍이 뚫려 있어요.

턱
독 발톱(턱다리)과 턱 두 쌍이 있어요.

더듬이
긴 더듬이로 먹이가 움직이는 것을 느껴요. 냄새도 맡지요.

눈
눈이 퇴화된 지네도 많아요. 홍지네처럼 눈이 없는 지네도 있어요.

꼬리

입
입으로 먹이를 뜯어 먹어요.

그림으로 보는 한살이

알
어미가 알을 품어요.
2주에서 한 달이 지나면 부화해요.

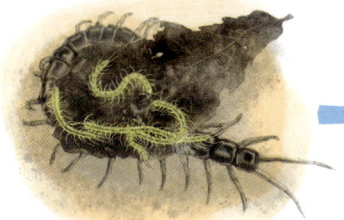

유체
탈피를 거치고 동면을 하고 나면 성체가 돼요. 부화하고 나서 3주 동안 어미가 보살펴요.

성체
1년에 한두 번씩 탈피하며 커져요.
외국 지네는 7년 이상,
한국 지네는 2년 정도 살아요.

생생 영상

지네 입양하러 '쥬엑스'에 갔어요!

아마존에서 온 기간티아 지네도 만나요!

지네발란

그렇군요

지네를 닮은 식물도 있어요!
'지네발란'이라는 식물이에요. 나무나 돌 위에 붙어서 자라는 식물로, 줄기에 잎이 달린 모양이 지네처럼 생겨 지네발란이라는 이름이 붙었대요. 전라남도와 제주도에 분포하는 식물이에요. 지금은 환경부에서 지정한 멸종위기 야생생물 2급에 속한답니다. 고사리 중에 '지네고사리'도 있답니다.

사육장을 만들어요

지네는 동남아시아, 유럽, 아메리카 등 전 세계에 분포하는 절지동물이에요. 기온에 따라 몸의 온도가 변하는 변온 동물이지요. 온도와 습도를 잘 맞춰 줘야 한답니다. 저온종과 고온종, 습계와 건계로 나뉠 뿐만 아니라 종에 따라 맞춰야 하는 온도와 습도가 다르니 확인해 주세요.

사육장에 물을 뿌릴 때는 지네 몸에 뿌리지 않도록 조심하세요. 몸에 난 숨구멍으로 물이 들어가면 진균이 생겨 죽을 수 있어요. 따라서 환기도 자주 해 줘야 합니다.

지네는 좁은 틈을 좋아해요. 지네는 다른 동물만큼 먹이를 구하러 많이 돌아다니지 않기 때문에 큰 사육장이 필요 없어요. 하지만 다리가 많고 갑자기 뛰어오르기도 때문에 사육장은 높은 사육장으로 준비해요. 지네는 사육장 뚜껑이 열릴 때 생기는 진동을 공격으로 받아들여요. 뚜껑을 열 때 지네

온도 24~28℃
습도 60~70%

❓ 궁금해요

진균이란 무엇일까요?
동식물에 붙어 살아가는 곰팡이성 균이에요. 하얀색으로 번식하기 시작해 검은색으로 변해요. 주위의 유기물을 빨아 먹으며 살아가는 기생성 곰팡이입니다.

바닥재로 숨으려는 타이거렉 센티패드

가 튀어나오지 않도록 조심해야 합니다. 긴 몸을 수직으로 세워 나가려고 한답니다.

　지네는 땅을 파는 버러우 성향이 있어서 바닥재를 두껍게 깔아 주면 좋습니다. 항상 은신처 밑에 몸을 숨기고 있기 때문에 은신처만 들면 쉽게 관찰할 수 있어요. 어둡고 조용한 곳을 좋아해요. 사육장을 담요로 덮어 놓아도 좋아요. 특히나 알을 품고 있는 어미 사육장은 더 주의해서 관리해야 합니다.

사육 용품

사육장

높은 사육장이 좋아요. 뚜껑은 튼튼하고 구멍이 촘촘한 것으로 골라 주세요. 성체가 되면 턱 힘으로 뚜껑을 열어 탈출할 수도 있습니다. 사육장 한쪽 벽 전체에 큰 코르크 보드를 두어 좁은 공간을 만들어 줘도 좋아요.

바닥재

코코피트, 황토, 바크를 섞어 쓰는 것이 좋습니다. 썩은 나무 밑동 주변의 촉촉한 흙이 있다면 그 흙을 넣어 줘도 좋아요. 바닥재 색깔은 지네의 색에 따라 다른 색깔로 꾸며 주는 것도 좋아요. 다리가 밝은색이면 어두운 바닥재로, 어두운 색이면 밝은 바닥재로 꾸며 주세요.

은신처

이끼나 코르크 보드, 바크를 준비해요. 지네는 좁은 틈을 좋아해요. 납작한 몸으로 바닥재와 은신처 사이를 파고들지요. 한 공간에서 자라기 때문에 큰 사육장이 필요하진 않아요. 바닥재를 조금 판 다음 은신처를 두면 은신처로 잘 들어갈 거예요. 탈피하거나 쉴 때 좋은 장소가 됩니다. 특히 바크를 많이 넣어 주세요.

바크가 많은 게 좋아.

긴 핀셋

사육장을 옮길 때 지네를 잡거나 지네에게 먹이를 줄 때 긴 핀셋을 사용합니다. 손으로 만지지 않도록 주의하세요.

핀셋은 장갑을 끼고 잡아요. 위험할 수 있는 상황에서는 꼭 어른의 도움을 받으세요.

! 그렇군요

사육장의 청소부, 공벌레

공벌레는 지네의 배설물이나 곰팡이 등을 먹어 치워요. 사육장을 깔끔하게 만드는 청소부입니다. 하지만 종종 공벌레를 잡아먹는 지네도 있답니다.

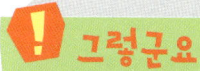

공벌레

물그릇

사육장의 습도를 유지하기 위해 필요합니다. 지네가 탈피하거나 몸에 이물질이 묻었을 때 물그릇에 들어가기도 하지요. 단 지네 크기에 따라 적당한 크기의 물그릇을 넣어 주세요. 유체가 물에 빠져서 폐사하는 경우도 있기 때문이지요. 사육장을 자주 환기시키기 어렵다면 작은 물그릇을 두어 사육장의 습도를 유지하는 방법도 있습니다.

물을 항상 깨끗하게 갈아 주세요. 물에 배설물이나 먹이가 빠져 있다면 곰팡이가 필 수 있어요.

지네 사육장

지네 사육장 만들기

1 통에 바닥재를 두껍게 깔아요. 물을 부어 촉촉하게 만들어요.

2 은신처와 물그릇을 넣어요.

3 코르크 보드와 이끼를 넣고 물을 뿌려 주면 끝!

딱 좋아!

너무 쉽지요?

먹이를 챙겨 줘요

지네는 살아 있는 뱀, 개구리, 곤충이나 작은 포유류 또는 조류의 새끼를 잡아먹어요. 동물의 사체를 뜯어 먹기도 하는 육식 동물이지요. 종종 살아 있는 먹이를 챙겨 주세요. 장수지네는 생먹이가 아닌 사료를 줘도 잘 먹긴 합니다!(149쪽 참조)

일주일에 먹이를 한두 번 주고 잘 먹는지 확인해 먹이 횟수를 맞춰 주면 됩니다. 살이 너무 찌면 탈피할 때 힘들어합니다. 탈피 기간에는 먹이를 조금씩 주고 먹지 않으면 바로 빼 주세요.

숲에서 잡은 곤충을 주면 기생충에 감염될 수 있으니 생물 샵에서 파는 먹이로 주는 게 안전합니다. 작은 쥐(냉동 쥐)를 주기도 해요. 지네가 먹이를 먹고 나면 사육장에 남은 찌꺼기가 있는지 확인한 다음 빼 주세요.

귀뚜라미 냠냠!

돼지고기를 먹고 있는 지네

먹이
밀웜, 슈퍼 밀웜, 귀뚜라미

이 정도면 통통한 편으로, 먹이를 줄이는 것이 좋아요.

골드 기간티아

! 그렇군요

기간티아는 박쥐도 잡아먹어요!

큰 지네들은 자기만큼 큰 먹이도 곧잘 먹어요. 남아메리카에 사는 기간티아(아마존 왕지네)는 동굴 천장에 대롱대롱 달려 있다가 날아오는 박쥐를 잡아먹는답니다.

건강하게 보살펴요

짝짓기와 산란

지네도 타란툴라처럼 수컷이 정자망(정자를 담아 두는 곳)을 만들어요. 정자를 보관하고 있다가 암컷을 만나면 암컷 등에 올라타요. 그러면 암컷은 정자망의 정자를 흡수하기 위해 자세를 잡아요. 임신 기간은 6개월 이상 걸리고 보통 여름에 많이 산란해요. 산란하기 전에 암컷에게 먹이를 많이 주어 알을 잘 돌볼 수 있게 해요.

지네는 알을 낳아요. 어미는 낳은 알들을 몸으로 동그랗게 감싸서 1~2개월 동안 보살펴요. 어미가 알을 핥아 균이 옮지 않도록 관리해요. 알은 원형에서 타원형으로 바뀌어요. 한 달 정도가 지나면 지네 모양이 되지요. 색깔도 노란색에서 흰색으로 변해요. 알에서 부화한 유체도 3주 정도 어미가 돌봅니다. 이 기간 동안은 최대한 사육장을 건들지 말고 습도를 잘 유지해 주세요.

유체에게는 밀웜을 작게 잘라서 주세요. 유체는 밀웜을 여러 다리로 꼭 껴안고 조금씩 먹을 거예요. 달걀 노른자를 주기도 해요.

새끼 지네

알을 품고 있는 어미

유체와 어미

독립할 때가 된 유체들

유체를 위한 사육장이에요. 높은 사육장이 좋아요.

 유체가 어미 품에서 벗어나 따로 돌아다닌다면 유체를 한 마리씩 개별 사육장으로 옮겨요. 유체를 늦게 분리하면 어미가 잡아먹을 수도 있어요. 어미에게는 먹이를 잘 챙겨 주세요. 유체를 돌보느라 배가 많이 고팠을 거예요.

주의해요

지네 역시 다른 절지동물처럼 탈피하며 크기가 커집니다. 탈피할 때가 되면 바닥재나 은신처의 아래에 들어가 잘 나오지 않을 거예요. 또 먹이를 잘 먹지 않지요. 먹이를 안 먹는다고 해서 강제로 먹이지 마세요. 지네는 한 달 동안 물만 먹어도 살아 있을 정도로 생명력이 강해요. 탈피 기간이 되면 머리를 비비고 있을 거예요. 습도가 부족하다는 뜻입니다. 사육장에 물을 자주 뿌려 주세요.

 살이 찌면 탈피하기 힘들기 때문에 먹이는 적당히 주는 것이 좋아요. 탈피하기 전에는 몸 색깔이 연해집니다. 이렇게 탈피 신호를 확인했다면 탈피

타이거렉 센티패드

가 잘될 수 있도록 사육장 습도를 높게 유지해 주세요. 지네는 탈피가 끝나면 탈피 껍질을 먹을 거예요. 영양을 보충하는 것이랍니다.

탈피하다가 또는 탈피 전에 다리가 잘리면 탈피한 뒤에 다리가 다시 난답니다. 하지만 더듬이는 잘 자라나지 않아요.

절지동물은 만지면서 키우는 생물이 아니에요. 직접 손으로 만지는 일이 없어야 해요.

채집을 하고 싶다면 보호 장갑과 긴 핀셋, 높이가 높은 채집통을 준비해야 합니다. 물리거나 다칠 수 있으니 꼭 어른과 함께하세요. 겨울에는 지네들이 동면을 하기 때문에 썩은 나무 아래를 파다 보면 잠들어 있는 왕지네를 발견할 수도 있어요. 외국 지네들과 달리 우리나라 지네는 동면을 하면서 더 강해진답니다.

내가 바로 토종 왕지네!

왕지네

생생 영상

닭고기로 왕지네를 채집하다!

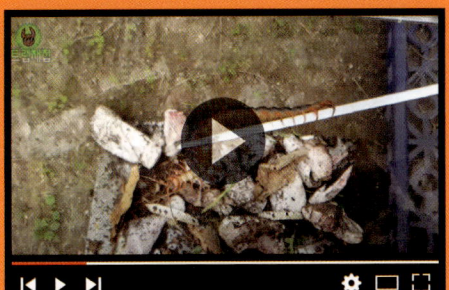

땅에 닭고기를 묻어 두었는데 과연 지네가 잡혔을까요? 확인해 보세요!

143

외국 왕지네

외국에 서식하는 자이언트 센티패드 종류는 대부분 먹성이 좋아 성장 속도가 빠릅니다. 다양한 친구들을 만나 볼까요?

기간티아

로부스타

위리디코르니스

갈라파고엔시스

 그렇군요

거대 지네 4대 천왕을 소개합니다!
1. 기간티아(아마존 왕지네, Scolopendra gigantea)
2. 로부스타(Scolopendra robusta)
3. 위리디코르니스(Scolopendra viridicornis)
4. 갈라파고엔시스(갈라파고스 왕지네, Scolopendra galaopagoensis)

생생 영상

왕지네를 만나요!

로부스타 왕지네를 만나 볼까요?

사육 난이도 ★★   인기도 ★★★★

헤이티안 자이언트 센티패드

- **학명** Scolopendra subspinipes subspinipes
- **길이** 20cm 이상
- **수명** 7~10년
- **온도** 26~30℃ **습도** 60~70%

헤이티안 자이언트 센티패드는 이름에 헤이티안(Haitian. 아이티의)이 들어가서 아이티에서 온 지네 같지만 인도네시아에 사는 지네예요. 우리나라에 처음 들어올 때 이름이 잘못 알려지면서 헤이티안 자이언트 센티패드로 굳어졌답니다.

턱 힘이 세서 곤충과 작은 쥐도 빠르게 사냥합니다. 우리나라에 사는 지네보다 더 큰 대형 지네에 속하지요. 독성이 강한 편이니 조심해야 해요.

유체를 보살피는 어미 지네

사육 난이도 ★   인기도 ★★★★

차이니즈 자이언트 센티패드

- **학명** Scolopendra subspinipes dehaani
- **길이** 25cm 이상
- **수명** 7~10년
- **온도** 25~30℃ **습도** 60~70%

차이니즈 자이언트 센티패드는 거대 지네 4대 천왕 다음으로 큰 초대형 지네입니다. 붉은색이라서 '레드 드래곤'이라고도 불려요. 색을 중요하게 보는 절지동물 마니아에게 인기가 많답니다. 생명력이 강한 것이 특징이에요.

은신처 아래에 숨어 있던 지네

베트남 자이언트 센티패드

사육 난이도 ★★ 인기도 ★★★★

학명	Scolopendra subspinipes dehaani
길이	25cm 이상
수명	7~10년
온도	25~30℃ 습도 60~70%

베트남 자이언트 센티패드는 먹이를 먹는 만큼 빠르게 성장하고, 크기도 커지는 친구예요. 성격이 공격적이라 함부로 가까이 갔다가는 물리기 십상이에요. 지네는 꼭 필요할 때만 만지도록 해요. 크기가 큰 지네한테는 쥐를 주기도 합니다.

　차이니즈 자이언트 센티패드, 플레임렉 센티패드와 같은 데하니(dehaani) 종이에요. 브리더들은 보통 디헤니 종이라고 많이 불러요. 어떤 차이가 있는지 찾아보세요!

귀뚜라미를 먹는 베트남 자이언트 센티패드

갈라파고스 자이언트 센티패드

사육 난이도 ★★★★ 인기도 ★★★★★

학명	Scolopendra galaopagoensis
길이	40cm
수명	7~10년
온도	25℃
습도	60~70%

2등급 맹독

'갈라파고엔시스'의 다른 이름이에요. '갈라파고스 왕지네'라고도 불러요. 갈라파고스 자이언트 센티패드는 **'거대 지네 4대 천왕'**에 속하는 굉장히 유명한 지네예요. 에콰도르, 페루, 갈라파고스섬에 산답니다. 어디에 사는지에 따라 색깔이 차이 납니다. 크기로도 압도하지만 성격도 매우 난폭해요. 사육이 쉽지는 않지만 지네를 좋아하는 마니아에게 인기가 많답니다.

　온도와 습도가 높은 온대 기후에 사는 갈라파고스 자이언트 센티패드는 활동성이 높고 성장 속도가 빠릅니다. 물을 좋아하니 물그릇에 항상 물이 차 있도록 잘 살펴야 하지요. 이 친구가 가진 독은 2등급 맹독에 해당하니 알아두세요!

| 사육 난이도 ★★　인기도 ★★★ |

불타는 다리!
플레임렉 센티패드

- 학명　Scolopendra subspinipes dehaani
- 길이　25cm 이상
- 수명　7~10년
- 온도　25~30℃　습도　60~70%

거대 지네 4대 천왕보단 작지만 대형 지네에 속합니다. 다리 끝이 불꽃 같아서 플레임렉(flame leg)이라고 불러요. 붉은다리 왕지네라고도 합니다.

　다리 끝이 노란색이나 빨간색이 아닌 검은색을 띠면 블랙 플레임렉 샌티패드예요.

| 사육 난이도 ★★　인기도 ★★★★ |

호랑이 다리!
타이거렉 센티패드

- 학명　Scolopendra hainanum
- 길이　25cm 이상
- 수명　7~10년
- 온도　25~30℃
- 습도　60~70%

타이거렉이 성체가 되면 노란색 다리 끝이 검은색이 됩니다. 다리 무늬가 호랑이 무늬 같다고 해서 타이거렉(tiger leg)이라는 이름이 붙었지요. 스트라이프렉 센티패드라고도 합니다. 성체가 될수록 더 멋있어지는 종입니다.

다리가 아직 노란 유체

바닥재로 들어가려는 타이거렉 센티패드

우리나라 지네

우리나라 지네는 왕지네, 홍지네, 땅지네, 장수지네, 돌지네 등이 있어요. 왕지네와 장수지네를 살펴볼까요?

장수지네

내가 장수지네!

홍지네보다 내가 더 크고 붉어!

왕지네

! 그렇군요

왕지네와 홍지네는 쌍둥이?

왕지네와 홍지네는 무척이나 닮았어요. 이 둘을 구별하려면 마지막 다리에 주목하세요. 왕지네 다리가 홍지네 다리보다 더 붉은색을 띱니다. 또 성체끼리 비교했을 때 왕지네는 홍지네보다 큽니다. 얼굴로도 구별할 수 있는데, 홍지네는 얼굴에서 눈이 안 보입니다.

생생 영상

**왕지네 vs 멋쟁이딱정벌레!
육식 절대강자들의 만남**

역시 강한 곤충끼리는 서로 알아보나 봅니다!

토종! 왕지네

사육 난이도 ★ 인기도 ★★★★

학명 Scolopendra subspinipes mutilans
길이 17cm
수명 2~4년
온도 25~30℃

작고 소심한 장수지네

사육 난이도 ★★★ 인기도 ★★★

학명 Otostigmus polytus
길이 6.5cm
수명 2~4년
온도 18~30℃

왕지네는 우리나라에서 가장 큰 지네로, 다리는 총 21쌍(42개)이며 17센티미터까지 자라요. 크기가 큰 지네이지요. 습하고 어두운 곳을 좋아해 썩은 나무나 돌무더기에서 살아요. 여름이 되면 산, 풀, 밭에서 쉽게 볼 수 있어요. 공원의 수로에서 자주 발견됩니다.

절지동물 마니아들은 왕지네가 작고 색이 예뻐서 좋아합니다. 다리가 노란색, 빨간색, 주황색 등으로 색깔이 다양해요. 다리가 빨간 왕지네를 레드렉 왕지네, 노란 왕지네를 옐로우렉 왕지네라고 부릅니다. 더듬이도 색깔이 다양합니다. 또 왕지네는 합사가 가능해 인기가 많아요.

장수지네는 우리나라에서 유일하게 파란색 다리를 지닌 지네예요. '청지네'라고도 불려요. 우리나라와 만주 등에서 서식해 '조선지네'라고 불리기도 한답니다. 왕지네보다 크기가 작고 활동성이 약한 편이지만, 색이 멋있어 인기가 많지요. 보통 6센티미터 정도이고 다 자라도 8센티미터를 넘지 않아요.

신기하게도 보통 지네와 다르게 모래를 좋아해요. 또 생먹이가 아니라 사료를 줘도 잘 먹습니다. 귀뚜라미나 밀웜을 키우기 어려운 친구들에게 딱이지요?

다리가 빨간 레드렉 왕지네

어미가 새끼들을 돌보고 있어요.

새끼를 품고 있는 지네 어미

꼬물꼬물 노래기

지네보다 다리가 더 많은 노래기를 알고 있나요?
노래기는 나무껍질 사이에서 활동하고
밖으로 잘 돌아다니지 않기 때문에 자주 만나지는 못해요.
숲속에서는 주로 나무 밑에서 발견되는데,
야행성이라서 해가 질 때부터 움직이기 시작합니다.
운이 좋으면 밤이 되어 수액을 먹으러 나온 노래기를 볼 수도 있어요.
하지만 혹여나 만나더라도 지네로 착각하기 십상이에요.
노래기는 지네와 어떻게 다르고, 어떤 특징이 있는지 알아볼까요?

난 지네랑 다르다구~!

핑크 플랫 밀리패드

파이어 밀리패드

길고 큰 자이언트 밀리패드

납작한 플랫 밀리패드

노래기는 전 세계에 1만 종 정도 있고, 다양한 환경에서 서식하는 절지동물이에요. 습한 곳에 주로 살아서 많은 종이 동남아시아에 서식합니다. 정글에서는 쉽게 볼 수 있지요.

노래기는 영어로 밀리패드(millipedes)라고 하는데, '천 개의 다리'라는 뜻입니다. 그만큼 다리가 많아요. 다리가 700개가 넘는 노래기도 있지요. 크기가 큰 노래기는 최대 40센티미터까지 크고, 인기가 많은 아프리칸 자이언트 밀리패드는 20센티미터 이상 큽니다. 몸의 마디는 12~58개로 종마다 달라요.

노래기가 움직이는 모습을 살펴보세요. 마치 파도가 일렁이는 것처럼 보여요. 노래기는 자이언트 밀리패드처럼 길고 큰 친구도 있고 플랫 밀리패드처럼 납작한 친구도 있어요. 생김새는 달라도 같은 노래기랍니다.

노래기의 별명은 '자연의 청소부'입니다. 주로 땅에 있는 썩은 나무 또는 부엽토를 먹으며 살아가기 때문이에요. 먹이 사냥을 하지 않아 공격 수단이 없어요. 독을 지닌 노래기도 있지만 대부분 독이 없지요. 대신 재미난 방어 수단이 있습니다. 바로 고약한 냄새가 나는 액체예요. 위협을 받으면 마디에 달린 악취샘에

우리는 사람처럼 왼발과 오른발을 번갈아 움직여.

지네

우리 노래기는 노를 젓듯이 왼발과 오른발을 같이 움직여.

노래기

151

메가볼(공노래기)

몸을 둥글게 말고 있는 모습

서 화학 물질을 내뿜어 적을 도망가게 만듭니다. '난 먹는 게 아냐!'라는 신호를 보내는 것이지요. 이처럼 노래기는 느린 성격에 방어 수단만 있다 보니 지네와 다르게 핸들링을 할 수 있습니다. 물론 노래기가 스트레스를 받을 정도로 만져서는 안 됩니다.

노래기는 멀리서 보면 다리가 많아 징그러워 보일 수 있어요. 하지만 가까이서 귀여운 얼굴을 본다면 생각이 달라질 거예요. 앙증맞은 얼굴과 순한 성격 덕에 노래기 마니아들이 늘어나고 있답니다.

궁금해요

너는 노래기니? 공벌레니?

공노래기가 몸을 둥그렇게 말면 공벌레처럼 보입니다. 몸을 말고 있으면 노래기인지 공벌레인지 구별하기 어렵지요. 구슬노래기라고도 불려요.

생생 영상

세상에! 공원에 노래기떼가 나타났어요!

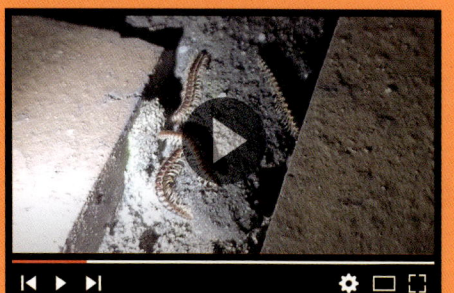

우리는 공노래기!

공벌레

몸의 구조

우리나라 노래기는 9월에 산란해요. 11월이면 알이 부화해요. 유체는 동면했다가 따뜻한 봄이 되면 깨요. 탈피하며 커진답니다. 보통 4~10년을 살아요.

마디
종마다 몸 마디의 개수가 달라요. 몸 마디 개수는 11개~60개까지 다양하답니다.

더듬이
더듬이로 먹이를 구분해요.

다리
마디마다 다리가 4개씩 있어요. 다리가 36개 달린 친구도 있고 700개가 넘는 친구도 있어요.

생생 영상

인도네시아 사냥꾼 집에서 만난 노래기, 대박입니다!

동글동글 얼굴에 작은 더듬이가 너무 귀엽지 않나요?

사육장을 만들어요

많은 노래기 종이 동남아시아 지역에 살다 보니 우리나라에서 키우려면 사육장의 온도를 따뜻하게 유지하는 것이 제일 중요합니다. 노래기는 다른 생물보다 체력이 빠르게 떨어지고 생명력이 그리 강하지 않아요. 따라서 사육장이 건조하거나 환기가 잘 안 되서 노래기가 스트레스를 받으면 몇 시간 만에 죽을 수도 있어요. 건강하게 오래 살 수 있도록 사육 환경을 잘 만들어 주세요. 노래기는 땅을 파는 습성을 가졌으니 바닥재는 두껍게 깔고, 숨을 수 있는 은신처를 꼭 넣어 주세요.

온도 24~32℃
습도 70~90%

노래기 사육장 만들기

그린 밀리패드 유체

1 노래기 크기에 맞는 사육장을 준비해요.

2 바닥재를 두껍게 쌓아요. 바닥재에 물을 뿌린 다음 바닥재를 손에 쥐어 보세요. 바닥재가 잘 뭉쳐져야 합니다.

3 물그릇과 은신처를 넣으면 완성!

사육 용품

사육장

노래기를 관찰하기에 유리 사육장이 좋지만 많은 빛이 들어오기 때문에 반투명 사육장을 사용하는 것이 좋습니다. 사육장의 가로 길이는 노래기 몸길이의 적어도 세 배 이상 되는 것으로 사용해 주세요.

핑크 플랫 밀리패드 사육장

바닥재

바닥재는 발효 톱밥을 주로 쓰는데 코코피트, 부엽토, 발효 톱밥을 섞어 쓰기도 합니다. 산의 흙을 퍼 와서 쓸 수 있지만 흙에서 다양한 벌레가 나올 수 있어요. 생물 샵에서 파는 부엽토를 준비하는 것이 좋습니다. 노래기 외에 다른 벌레가 생기면 바닥재를 갈아 주세요!

은신처

코코넛이나 세라믹으로 된 은신처, 작은 화분, 돌, 코르크 보드 등이 있습니다. 노래기 크기에 맞는 은신처를 넣어 주세요. 노래기가 안전하게 탈피하고 쉬는 공간이 될 거예요. 유체는 특히나 빛을 싫어하기 때문에 은신처를 꼭 넣어 주세요.

물그릇

사육장 안의 습도를 유지하는 역할이에요. 노래기가 신선한 물을 먹을 수 있게 물이 깨끗한지 자주 확인해 주세요. 하지만 물그릇이 너무 깊으면 노래기 유체가 물에 빠져 익사할 수 있어요. 물그릇 바닥에 자갈이나 모래를 깔아 쉽게 빠지지 않도록 해 주세요.

온열 제품

전기장판, 필름 히터, 담요를 준비해 주세요. 사육장 온도가 급격히 바뀌지 않도록 조심합니다.

사육장 관리

한 사육장에 노래기 여러 마리를 함께 키울 수 있어요. 노래기 여럿이 서로 안고 자는 귀여운 모습을 볼 수 있답니다. 여러 마리가 싸우지 않고 숨을 수 있도록 은신처를 여러 개 넣어 주세요. 작은 사육장에 너무 많은 수를 키우면 노래기가 스트레스를 받을 수 있으니 주의하세요.

노래기는 작고 둥근 모양의 똥을 쌉니다. 노래기는 소화 능력이 다른 생물의 10~15퍼센트 정도라서 똥에 미처 흡수하지 못한 영양분이 많아요. 그래서 바닥재를 자주 갈아 줄 필요가 없지요. 그래도 한 달에 한 번씩은 청소해 주세요. 똥이 사육장의 3분의 1 이상 차면 바닥재 전체를 갈아 주세요.

온도가 올라가면 먹성이 좋아져요. 다른 문제가 없는데 먹이를 잘 먹지 않는다면 온도를 조금 높여 보세요.

상추를 좋아하는 노래기

나무 조각도 넣어 줘!

플랫 밀리패드 사육장

자이언트 밀리패드 사육장

먹이를 챙겨 줘요

노래기도 지네와 마찬가지로 탈피를 하는 절지동물이기 때문에 먹이를 너무 많이 주면 탈피가 힘들어져요. 몸이 너무 통통해지지 않도록 살펴봐 주세요.

　습한 사육장에 채소를 오래 두면 상하거나 날벌레가 생기기 쉬워요. 바로 먹을 만큼 조금씩, 싱싱한 채소를 주세요.

　노래기는 평상시에 톱밥을 먹지만 잡식성이기 때문에 가끔 죽은 곤충을 챙겨 주는 것도 좋아요. 칼슘 공급을 위해 칼슘제나 갑오징어 뼈를 챙겨 주기도 합니다.

개 사료나 물고기 사료도 맛있더라.

채소 냄새를 맡는 플랫 밀리패드

먹이
발효 톱밥, 썩은 낙엽, 상추, 배추, 애호박 등 채소

생생 영상

사슴벌레 채집하다가 노래기 발견!

이렇게 많이 잡은 적 처음입니다!

157

건강하게 보살펴요

짝짓기와 산란

노래기는 짝짓기를 할 때 수컷이 암컷 위에 올라탑니다. 마치 사람이 뽀뽀하는 것처럼 보일 때도 있지요. 짝짓기가 끝나면 암컷은 산란하러 땅속으로 들어갑니다. 산란하고 1~2개월 정도 지나면 유체를 발견할 수 있어요.

두 마리가 짝짓기 중인데, 그 위에 한 마리가 더 올라타 있네요!

짝짓기 중인 플랫 밀리패드

주의해요

노래기도 다른 절지동물처럼 탈피할 때가 되면 땅을 파서 안에 공간을 만들고 탈피합니다. 노래기가 잘 안 보인다고 해서 바닥재를 헤집지 마세요. 탈피하는 노래기를 건드려 죽일 수도 있어요. 며칠 두고 지켜보세요. 탈피할 때는 몸이 제일 약한 때이기 때문에 만지면 안 됩니다.

새끼 노래기

몸을 둥글게 말고 있는 아프리칸 자이언트 밀리패드

내 동생은 탈피하러 갔으니 찾지 마.

줄무늬가 멋진 아프리칸 밴디드 밀리패드

노래기를 만질 때 강하게 누르지 않도록 주의하세요. 노래기는 스트레스를 잘 받아요. 사육장을 청소하거나 옮길 때 빼고는 핸들링하지 마세요.

밤에 관찰할 때는 노래기가 빛을 직접적으로 쐬지 않도록 조심해 주세요.

플랫 밀리패드

광이 나지?

아프리칸 밴디드 밀리패드

생생 영상

공벌레와 쥐며느리도 살펴봐요!

최근 많은 등각류 종이 수입되고 있습니다.
더욱 다양한 친구들을 만날 수 있어요.

그렇군요

실존하는 거대 갑각류!

심해에 사는 거대한 갑각류가 있어요. 마치 쥐며느리를 크게 보는 느낌이에요. 바티노무스 기간테우스라는 생물이지요. 크기가 50 센티미터 이상이라고 해요!

바티노무스 기간테우스

159

사육 난이도 ★ 인기도 ★★★

크고 굵다!
아프리칸 자이언트 밀리패드

학명	Archispirostreptus gigas
길이	25cm 이상
수명	7년
온도	28℃
습도	70~90%

노래기 중 가장 큰 노래기입니다. 다리는 60쌍(120개) 이상 가지고 있지요. 가장 큰 노래기는 38.5센티미터 정도예요. 어른 손보다 크지요.

아프리칸 자이언트 밀리패드는 아프리카 동부에 사는 종입니다. 나무가 많아 그늘지고 습한 곳에 사는 노래기이지요. 버러우성을 띠고 있으니 바닥재를 두껍게 깔아 주세요. 다른 노래기와 달리 톱밥보다는 채소를 더 많이 먹어요.

줄무늬가 있으면 밴디드 밀리패드라고 해요. 노란색 줄무늬가 있으면 옐로 밴디드 밀리패드, 붉은색 줄무늬가 있으면 파이어 밴디드 밀리패드라고 불러요. 이름으로 색깔이나 특징을 알 수 있어요.

여러 마리가 모여 있는 사육장

파이어 밴디드 밀리패드

사육 난이도 ★　인기도 ★★★★

고대 생물처럼 생긴 플랫 밀리패드

- **학명** Coromus diaphorus
- **길이** 8cm
- **수명** 2년
- **온도** 25℃
- **습도** 70~90%

작고 납작한 노래기를 소개합니다. 고대 생물 같은 외형을 뽐내는 플랫 밀리패드예요. 공룡이나 삼엽충같이 멸종한 생물에 관심 있는 친구라면 좋아할 생물이지요. 약 3억 년 전 석탄기에는 절지동물의 몸집이 거대했다고 해요. '아르트로플레우라'라는 노래기는 길이가 2미터가 넘었대요. 플랫 밀리패드는 이러한 고대 생물을 작은 크기로 만나는 것 같지요.

분홍색이 매력적인 핑크 플랫 밀리패드도 있어요. 태국 남부에 서식하는 노래기예요. 색깔이 참 아름답지요?

생생 영상

플랫 밀리패드는 이렇게 키워 주세요!

내가 바로 핑크 플랫 밀리패드야. 예쁘지 않니?

낙엽도 좋고 이끼도 좋아.

사육 난이도 ★★★★★ 인기도 ★★

몸을 공처럼 돌돌 마는
메가볼

- **학명** Megaball pill millipede
- **길이** 2~10cm
- **수명** 1~3개월
- **온도** 20~30℃
- **습도** 90%

메가볼은 몸 마디 개수가 11~13개예요. 전 세계 곳곳에 사는데, 한국에는 2020년에 처음 정식으로 수입되었어요. 메가볼은 독이 없고 성격이 순해요. 여러 마리를 함께 키울 수 있어 인기가 높아지고 있어요. 절지동물 마니아들도 이제 막 관심을 보이고 키우면서 알아가고 있는 생물이지요. 메가볼 중에는 위협을 받으면 몸을 말고 데굴데굴 도망가는 메가볼도 있답니다.

메가볼은 벽을 타지 못하기 때문에 사육장은 높이가 낮은 리빙박스에 숨구멍을 뚫어서 사용해도 좋습니다. 집에서 키울 때는 발효 톱밥, 산란목 등을 넣어 주어야 합니다. 사육 온도는 20~30도로 서식지별로 다르니 꼭 어디에서 데려온 개체인지 확인한 다음 온도를 맞춰야 합니다.

메가볼이 뒤집혀도 스스로 뒤집을 수 있게 하려면 낙엽이나 이끼, 놀이목을 넣어 주는 것이 좋습니다. 먹이로는 부엽토, 이끼 등을 먹어요. 산란장에는 5분 정도 불린 산란목을 잘게 부숴서 한곳에 모아 주세요. 맛있게 먹으며 자랄 거예요.

해외에서 채집한 메가볼

메가볼 사육장

이끼 좋아~!

짠! 내 다리는 이렇게 생겼어!

메가볼의 다리

이끼

메가볼을 채집하러 필리핀과 인도네시아에 가 봤어요. 썩은 나무 뿌리에서 굉장히 많이 발견할 수 있었지요. 사육장에 잘 썩은 나무를 꼭 넣어 주세요.

메가볼은 땅을 열심히 파는 버러우성도 있고 땅 위를 돌아다니는 배회성도 있어요. 어떻게 움직이는지 잘 관찰한 다음 바닥재를 두껍게 쌓거나 더 넓은 사육장으로 옮겨 주세요. 또 어떤 먹이를 잘 먹는지 살핀 후 좋아하는 먹이로 챙겨 주세요.

메가볼은 특이하게 암컷과 수컷의 생식기 위치가 달라요. 생식기가 암컷은 머리에 가까운 다리 사이에, 수컷은 머리와 제일 먼 뒷다리에 있지요. 암컷은 산란할 때 바닥재 안에 공간을 만들어서 알을 수십 개씩 낳아요. 메가볼도 밀리패드처럼 방어할 때 불쾌한 냄새를 내뿜는답니다.

바닥을 울퉁불퉁하게 만들어 줘야 뒤집혀도 스스로 일어난답니다.

재미있는 절지동물 퀴즈 3

지네 × 노래기

1 다리에 멋진 호랑이 무늬가 있는 지네예요. 이름을 맞혀 보세요.

① 타이거렉 센티패드
② 레인보우렉 센티패드
③ 화이트렉 센티패드

2 노래기는 귀여운 더듬이로 무엇을 할까요?

① 친구한테 텔레파시 보내기
② 얼굴 세수하기
③ 먹이를 찾고 구분하기

3 무시무시한 기간티아는 동굴에 거꾸로 매달려 사는 ○○도 잡아먹어요. 이 동물은 무엇일까요?

① 토끼
② 박쥐
③ 사슴

정답 1번: ① 타이거렉 센티패드, 2번: ③ 먹이를 찾고 구분하기, 3번: ② 박쥐

부록

1. 신기한 곤충과 절지동물들

• 특별 출연 •

맨티스 쉬림프

투구게

소라게

코코넛 크랩

골리앗 크랩

넓적배사마귀

항라사마귀

장수잠자리

불개미

QR 코드로 동물을 생생하게 만나요!

맨티스 쉬림프

바지락, 새우, 전복 심지어 가재까지 잘 먹는 맨티스 쉬림프! 주먹을 날리며 먹이를 부숴 먹어요. 수조 가까이서 맨티스 쉬림프가 먹이를 치는 소리를 들으면 마치 총소리 같기도 합니다. 맨티스 쉬림프의 주먹 힘 때문에 사육장이 깨지기도 한대요! 화나게 해서는 안 되겠지요?

맨티스 쉬림프를 자세히 살펴보세요. 어떤 동물을 닮았나요? 바로 사마귀예요. 사마귀(mantis)를 닮아서 맨티스 쉬림프라고 부른답니다. 동그란 눈에 앞발을 들고 있는 모습이 진짜 닮았지요? 물론 힘은 훨씬 세다는 사실!

QR 코드로 영상을 볼 수 있어요.

안녕? 내가 바로 맨티스 쉬림프야.

사육장에 널려 있는 먹이의 잔해들입니다.

맛난 가재당.

나도 맨티스 쉬림프임!

투구게

QR 코드로 영상을 볼 수 있어요.

살아 있는 화석, 투구게예요. 약 2억 년 전과 같은 모습을 하고 있지요. 투구게는 죽을 때까지 알을 4천 개 정도 낳아요. 신기하지요?

투구게는 약을 개발하는 과학자들에게 꼭 필요한 존재예요. 약을 실험할 때 투구게의 피를 사용하기 때문이에요. 투구게 덕분에 우리는 건강하게 지낼 수 있답니다. 최근에 투구게 수가 많이 감소하자 투구게의 피를 대체할 물질을 연구하고 개발하고 있답니다.

내 피는 파란색이야.

안으로 들어갈래.

아무도 날 못 찾겠지?

167

소라게

QR 코드로
영상을 볼 수 있어요.

소라게는 몸이 부드럽기 때문에 껍데기가 필요해요. 따라서 소라게를 키우려면 크기가 다른 소라 껍데기를 여러 개 넣어 줘야 해요. 그래야 크면서 소라 껍데기를 옮겨 다닌답니다. 껍데기가 부족하면 싸울 거예요!

소라게를 키우는 친구들이 많아지면서 사육장이나 소라게 먹이도 쉽게 구할 수 있답니다. 하지만 소라게를 키우는 것이 생각만큼 쉽지는 않아요. 물의 염분 농도를 맞춰야 하고 온열 램프로 온도도 유지해 줘야 하지요. 생물을 키우기 전에는 꼭 필요한 사육 용품을 확인하세요!

이 껍데기 아주 맘에 들어.

이거 좀 맛있는 냄새가 나는데?

코코넛 크랩

'야자집게'라고도 해요. 땅에서 살면서 야자나무 위로 올라가기 때문에 붙은 이름이에요. 코코넛을 깰 정도로 힘이 센 게랍니다!

QR 코드로 영상을 볼 수 있어요.

평소에는 꼬리를 이렇게 말고 있지.

내 집게 힘이 좀 세긴 해!
핀셋을 잡은 힘이 후덜덜!

골리앗 크랩

'아이언 크랩'이라고도 해요. 집게발 한쪽이 다른 쪽보다 커요. 여러 마리를 같이 키울 수도 있어요. 색깔이 다양해 여러 마리를 같이 키우는 사람이 많답니다.

QR 코드로 영상을 볼 수 있어요.

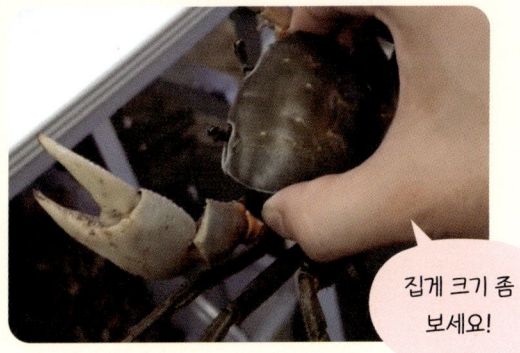
집게 크기 좀 보세요!

넓적배사마귀

몸이 긴 사마귀와 다르게 짧고 통통한 사마귀예요. 몸이 넓적하고, 날개 양쪽에는 흰 점이 있어요. 독특한 생김새로 곤충 마니아에게 인기가 많아지고 있어요.

QR 코드로 영상을 볼 수 있어요.

항라사마귀

명주실로 만든 천을 '항라'라고 하는데요. 항라처럼 부드러워 보인다고 해서 항라사마귀라고 한답니다. 여름에 풀밭에서 찾아보세요!

QR 코드로 영상을 볼 수 있어요.

장수잠자리

우리나라에서 가장 큰 잠자리예요. 어른 손바닥만큼 커요. 장수말벌도 사냥해 먹을 정도로 크기와 힘이 장난 아니에요. 브르가 인정하는 최강 잠자리입니다!

밀웜 맛있네!

9센티미터가 넘어요! 진짜 크지요?

불개미

불개미 사육장에 방을 여러 개 만들어 보았어요. 쉬지 않고 먹이를 찾아 움직이는 개미 모습에 감명을 받아 제작했는데요. 방을 어떻게 꾸몄을지 살펴보세요!

QR 코드로 영상을 볼 수 있어요.

2. 입양 전 체크 사항

이건 꼭 알아 둡시다!

동물을 입양하기 전에 꼭 알아야 할 점들을 알려 줄게요!

- 첫 번째, 앞에서 만난 친구들 중에서 나와 잘 맞는 동물을 찾아보세요. 동물을 자주 관찰하고 싶다면 먹이를 잘 먹고 활동적인 동물을 찾아봐요.
- 두 번째, 건강한 동물을 데려와요. 몸이나 다리에 상처난 곳은 없는지, 먹이 반응은 좋은지 확인하고 데려오세요.
- 세 번째, 사육장과 사육 용품을 미리 준비해요. 사육장부터 바닥재, 먹이 그릇, 물그릇, 은신처까지 동물에게 필요한 용품들을 챙겨야 합니다.
- 네 번째, 동물은 꼭! 가족과 상의를 한 다음에 데려오기로 약속해요!

174쪽부터 178쪽까지 건강한 동물을 소개합니다.
몸의 광택, 먹이 반응 등 건강한 동물의 특징을 알아보세요!

장수풍뎅이와 사슴벌레

- 곤충을 손에 살짝 올려 봐요. 다리 힘이 느껴지는지, 발톱은 전부 멀쩡한지 확인해요.
- 몸에 흠집이 적고 광택이 많이 나는 곤충을 골라요.
- 턱이나 뿔이 곧게 뻗었는지, 양쪽 날개 끝이 잘 맞물리는지 확인해요.
- 태어난 지 얼마 되지 않은 곤충 친구를 찾는다면 젤리를 먹여 보세요. 잘 안 먹는다면 1~2주 정도 된 곤충일 거예요.

젤리를 잘 먹어야 건강해!

나처럼 턱이 곧게 뻗어야지.

흠집이 없는지 확인해요!

타란툴라

- 다리 8개, 식각 2개가 잘 달려 있어야 해요.
- 거미줄을 잘 치는지 확인해요.
- 털이 많이 남아 있는지 확인해요.
- 먹이를 잘 먹는 타란툴라를 골라요.

거미줄을 이 정도는 쳐야지~.

귀뚜라미가 순식간에 없어졌어요!

전갈

- 꼬리의 독침이 날카로워야 해요.
- 다리 8개 전부 잘 달려 있어야 해요.
- 핀셋을 가까이 댔을 때 빨리 피하는 친구가 건강한 친구예요.
- 광택이 잘 나지 않으면 나이가 꽤 있는 전갈이에요.
- 먹이를 가까이 두었을 때 바로 먹어야 건강해요.

집게가 통통! 등갑이 반짝반짝!

난 먹이를 재빠르게 잡는 사냥꾼이지.

지네

- 다리가 양쪽 다 있는지, 진균이 없는지 확인해요.
- 먹이를 줄 때 바로 낚아채는 친구를 데려오세요.
- 등갑에 광택이 있는지 확인하세요. 잔기스가 적고 광택이 나야 해요.
- 작은 유체보다 어느 정도 자란 유체를 데려오세요. 유체들은 다양한 이유로 쉽게 죽기 때문이지요.

다리 개수를 세요!

냠냠.

노래기

- 살짝 들어 올렸을 때 다리의 힘이 느껴져야 해요.
- 숲에서 채집한 노래기나 늙은 노래기는 다리가 많이 잘려 있어요. 다리가 많이 남아 있는지, 광택이 나는지 확인해요.
- 손을 가까이 댈 때 빠르게 움직이는 친구가 건강한 친구예요.
- 유체는 쉽게 죽을 수 있기 때문에 어느 정도 자란 노래기를 데려와요.

내 다리는 튼튼하지.

광택이 나야 해요.

● 맺음말 ●

생명을 존중하고 지구를 아끼는
여러분이 되길 바랍니다

곤충과 절지동물을 만나 보니 어땠나요? 생각보다 훨씬 귀여운 친구들이지요? 균사를 먹고 자라는 사슴벌레 애벌레, 새끼들을 등에 업어 키우는 어미 전갈, 짝짓기를 할 때 서로 신호를 주고받으며 춤을 추는 타란툴라까지 알면 알수록 사람과 닮은 모습을 볼 수 있어요. 생물이 살아가는 환경과 생태 특징부터 성장 과정, 짝짓기, 산란 등 한살이도 살펴봤지요. 곤충, 절지동물 친구들의 다양한 매력은 물론 살아 있는 생명의 신비로움을 느끼는 시간이 되었기를 바랍니다.

숲에서 사는 생물을 집에서 키우기란 쉬운 일이 아니에요. 숲속과 비슷한 환경을 잘 갖춰야 하고 건강하게 키우려면 공부해야 할 것도 많지요. 하지만 생물을 사랑하는 마음과 책임감이 있는 여러분이라면 잘 키울 수 있을 거예요. 살아 있는 생물을 소중히 여기다 보면 생명을 존중하는 마음으로 이어지고, 생태계와 환경에 대한 관심으로 커지게 된답니다. 다른 생물과 더불어 우리가 살고 있는 지구도 아껴 주길 바랍니다.

더욱 다양한 생물들을 만나고 싶다면 숲속 생물 탐사에 도전해 보세요. 직접 숲에 가서 바람을 느끼고 냄새를 맡으며 숲에 사는 다양한 생물을 찾아보는 건 어떨까요? 멋진 경험이 될 거예요. 곤충 박물관이나 곤충 생태 학습장을 찾아가는 방법도 있어요. 다양한 곤충, 절지동물 친구들이 여러분을 기다리고 있을 거예요. 다양한 생물을 공부하는 데 조금이라도 도움이 되면 좋겠어요. 제가 존경하는 곤충학자 파브르 선생님처럼 멋진 곤충학자를 꿈꾸는 친구들이 많아지길 바랍니다!

동물을 사랑하는 생물인,
정브르

● 도움받은 자료 ●

《깊은 어둠의 사냥꾼 전갈》
매니 루비오 지음, 씨밀레북스, 2016년

《다흑의 왠지 신기한 동물 도감》
다흑 지음, 봄나무, 2020년

《사계절 곤충 탐구 수첩 : 어느 날 내가 주운 것은 곤충학자의 수첩이었다》
마루야마 무네토시 지음, 동양북스, 2020년

《신기한 장수풍뎅이 사슴벌레 백과》
이수영 지음, 글송이, 2009년

《앗! 생물인 정브르가 왔다 절지동물 편 : 만화로 배우는 희귀동물 키우기》
정브르 지음, 베가북스, 2019년

《장수풍뎅이와 사슴벌레 탐구백과 : 생태, 채집, 사육, 그리고 표본까지》
김진 지음, 이비락, 2014년

《큰턱 사슴벌레 vs 큰뿔 장수풍뎅이 : 곤충 이야기 도감》
장영철 지음, 위즈덤하우스, 2012년

《타란툴라 키우기》
김주필 지음, 써네스트, 2013년

● 도움받은 사이트 ●

국가 생물다양성 정보공유체계   https://www.kbr.go.kr

국립생물자원관   https://www.nibr.go.kr

한국 외래생물 정보시스템   https://kias.nie.re.kr

네이버 지식백과   https://terms.naver.com

찾아보기

ㄱ
갈라파고스 자이언트 센티패드(=갈라파고스 왕지네, 갈라파고엔시스) 133, 144, 146
그린 보틀 블루 77~79, 96, 105
극동전갈 111, 127
기데온 장수풍뎅이 48
기라파 톱사슴벌레 58, 63
꼬마넓적사슴벌레 30, 61, 62

ㄴ
넓적사슴벌레 14, 15, 22, 25, 31, 32, 53, 54, 60
넵튠 왕장수풍뎅이 48

ㄷ
다우리아사슴벌레 31, 68, 72
다윈 사슴벌레 64
두점박이사슴벌레 58, 69, 70
둥글장수풍뎅이 13, 46

ㄹ
로젠버기 황금사슴벌레 63, 68

ㅁ
메가볼 152, 162, 163
뮤엘러리 사슴벌레 63

ㅂ
바히아 스칼렛 버드이터 77, 101, 102
베트남 자이언트 센티패드 132, 146
블루 바분 77, 78, 83, 99, 100
뿔꼬마사슴벌레 39, 45, 61, 70

ㅅ
사슴벌레 49

ㅇ
아시안 포레스트 전갈 113, 124~126
아틀라스 왕장수풍뎅이 47
아프리칸 자이언트 밀리패드 151, 158, 160
악테온 코끼리장수풍뎅이 47
애사슴벌레 15, 31, 59, 60
엘라푸스 가위사슴벌레 63
엷은털왕사슴벌레 67
오각뿔 장수풍뎅이 48

왕사슴벌레 15, 31, 34, 35, 50~52, 55, 59, 67
왕지네 133, 143, 148, 149
외뿔장수풍뎅이 13, 24, 44, 45, 61
우잠바라 오렌지 바분 78, 79, 81, 87, 106, 107
원표애보라사슴벌레 71

털보왕사슴벌레 65~67
톱사슴벌레 14, 31, 36, 57, 58, 60, 69

플랫 밀리패드 151, 158, 159, 161
플레임렉 센티패드 146, 147

자이언트 화이트니 77~79, 103, 104
장수지네 140, 148, 149
장수풍뎅이 42, 43
제브라 톱사슴벌레 64

헤라클레스 왕장수풍뎅이 13, 43, 48
헤이티안 자이언트 센티패드 145
헥사페리 큰턱사슴벌레 64
호텐토타 호텐토타 115, 120, 122, 128, 129
홍다리사슴벌레 14, 31, 72, 73

차이니즈 자이언트 센티패드 145, 146
참넓적사슴벌레 60

코카서스 장수풍뎅이 47

타란두스 광사슴벌레 64
타이거렉 센티패드 137, 142, 147

182

사진 출처

띠, 지네발란 | 현진오, 국립생물자원관
왕지네 | 이꽃리, 국립생물자원관
타란툴라 | 블론디, 잭왕, 기수
위리디코르니스 | 쥬다방
한살이 그림 | 구연산

사진 협조해 주셔서 감사합니다.

정브르가 알려주는
곤충 체험 백과

장수풍뎅이, 사슴벌레, 타란툴라, 전갈, 지네를 잘 키우고 싶은 어린이를 위한 생태도감

1판 1쇄 펴낸 날 2021년 7월 5일
1판 7쇄 펴낸 날 2025년 8월 25일

지은이 이정현(정브르)

펴낸이 박윤태
펴낸곳 보누스
등 록 2001년 8월 17일 제313-2002-179호
주 소 서울시 마포구 동교로12안길 31 보누스 4층
전 화 02-333-3114
팩 스 02-3143-3254
이메일 viking@bonusbook.co.kr
블로그 http://blog.naver.com/vikingbook
인스타그램 @viking_kidbooks

ⓒ 이정현(정브르), 2021

ISBN 978-89-6494-499-8 73490

바이킹은 보누스출판사의 어린이책 브랜드입니다.

- 이 책은 저작권법에 의해 보호를 받는 저작물이므로 무단전재와 무단복제를 금합니다.
  이 책에 수록된 내용의 전부 또는 일부를 재사용하려면 반드시 지은이와 보누스출판사 양측의 서면동의를 받아야 합니다.
- 책값은 뒤표지에 있습니다.

체험하는 바이킹 시리즈

DK 체스 바이블
클레어 서머스케일 지음
이은경 옮김

**정브르가 알려주는
곤충 체험 백과**
정브르 지음

**정브르가 알려주는
파충류 체험 백과**
정브르 지음

**정브르가 알려주는
양서류 체험 백과**
정브르 지음

**TV생물도감의
희귀한 생물 대백과**
TV생물도감 지음 | 구연산 그림

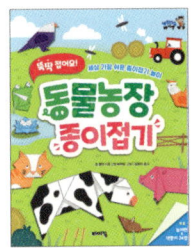

**뚝딱 접어요!
동물농장 종이접기**
조 풀먼 지음 | 앤 파쉬에 그림

**뚝딱 접어요!
사파리 종이접기**
조 풀먼 지음 | 앤 파쉬에 그림

**창의력 뿜뿜!
어린이 파티시에 요리책**
디에나 F. 쿡 지음
달달샘 김해진 감수

**창의력 뿜뿜!
어린이 셰프 요리책**
디에나 F. 쿡 지음
달달샘 김해진 감수

**최강 공룡
서바이벌 대백과**
고바야시 요시쓰구 지음
이진원 옮김

**웹툰 캐릭터
그리기 대작전**
이지 지음 | 정원 그림

**웹툰 스토리
만들기 대작전**
이지 지음 | 정원 그림

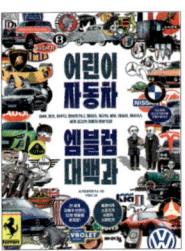

**어린이 자동차
엠블럼 대백과**
신기한생각연구소 지음
구연산 그림

교과서 잡는 바이킹 시리즈

STEAM 초등 과학 실험 캠프
조건호 지음 | 민재회 그림

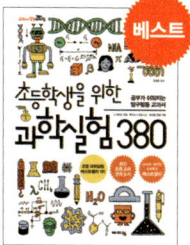

초등학생을 위한 과학실험 380
E. 리처드 처칠 외 지음
천성훈 감수

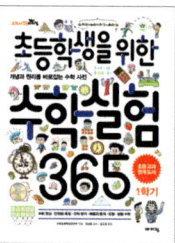

초등학생을 위한 수학실험 365 1학기
수학교육학회연구부 지음
천성훈 감수

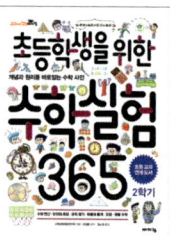

초등학생을 위한 수학실험 365 2학기
수학교육학회연구부 지음
천성훈 감수

초등학생을 위한 요리 과학실험 365
주부와 생활사 지음
천성훈 감수

초등학생을 위한 요리 과학실험실
정주현, 달달샘 김해진 감수

초등학생을 위한 개념 과학 150
정윤선 지음 | 정주현 감수

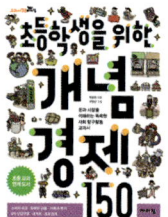

초등학생을 위한 개념 경제 150
박효연 지음 | 구연산 그림

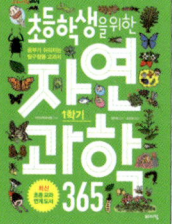

초등학생을 위한 자연과학 365 1학기
자연사학회연합 지음
정주현 감수

초등학생을 위한 자연과학 365 2학기
자연사학회연합 지음
정주현 감수

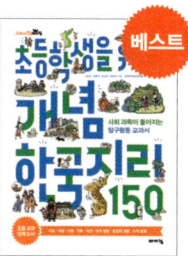

초등학생을 위한 개념 한국지리 150
고은애 외 지음
전국지리교사모임 감수

초등학생을 위한 개념 정치 150
박효연 지음 | 구연산 그림

초등학생을 위한 개념 국어: 고사성어
최지희 지음 | 김도연 그림

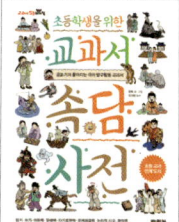

초등학생을 위한 교과서 속담 사전
은옥 글·그림 | 전기현 감수

초등학생을 위한 교과서 명작 읽기
최지희 글 | 윤상은 그림

초등학생을 위한 교과서 고전 읽기
최지희 글 | 윤상은 그림

어린이 과학 질문 사전
정윤선 지음 | 구연산 그림

Mensa KIDS
멘사 어린이 시리즈

멘사 미로 찾기 : 머리가 똑똑! 집중력이 쑥쑥!
브리티시 멘사 지음
멘사코리아 감수

멘사 수학 놀이 1 : 수학이랑 친해져요
해럴드 게일 외 지음
멘사코리아 감수

멘사 수학 놀이 2 : 수학 실력이 좋아져요
해럴드 게일 외 지음
멘사코리아 감수

멘사 수학 놀이 3 : 수학 점수가 올라가요
해럴드 게일 외 지음
멘사코리아 감수

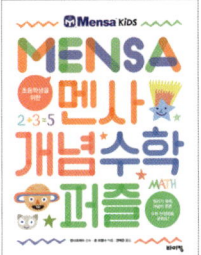
초등학생을 위한 멘사 개념 수학 퍼즐
존 브렘너 지음
멘사코리아 감수

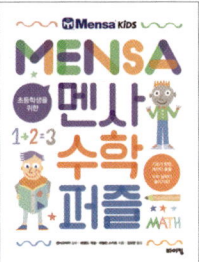
초등학생을 위한 멘사 수학 퍼즐
해럴드 게일 외 지음
멘사코리아 감수

초등학생을 위한 멘사 영어 단어 퍼즐
로버트 앨런 지음
멘사코리아 감수

초등학생을 위한 멘사 추리 퍼즐
로버트 앨런 지음
멘사코리아 감수

어린이 인도 베다수학 시리즈

계산이 빨라지는 인도 베다수학
마키노 다케후미 지음 | 고선윤 옮김

도형이 쉬워지는 인도 베다수학
마키노 다케후미 지음 | 고선윤 옮김

암산이 빨라지는 인도 베다수학
인도수학연구회 지음 | 라니 산쿠 감수

생물인 정브르

브린이들 모여라!

유튜브 구독자 130만 명

누적 조회 수 6억 5천만 회

대한민국 대표 희귀동물 전문 유튜버!
〈정브르의 동물일기〉 영화 주연!

★★★★★
"사육법을 엄청 쉽게 알려 주셔서 개구리를 잘 키울 수 있었어요!"

★★★★★
"정브르 쌤 영상을 보고 멸종 위기 동물을 알게 됐어요!"

★★★★★
"신기한 생물들을 보면서 생명의 소중함을 느낄 수 있었어요."

아이들의 우상인 정브르 님이 사랑스러운 생물을 소개하고 알려 주는 책입니다.
실용적인 책을 만들어 줘서 고마울 뿐입니다.
– 만천곤충박물관장 김태완

《정브르가 알려주는 곤충 체험 백과》에서 만나는 사육 꿀팁! 에그박사가 강력 추천한다는 사실~~!
그 사실 때문에 서점 가서 구매해서 에그박사도 한 수 배우겠다는 사실~~!
어떤 정보들이 있는지 너무너무 궁금하다는 사아아아실~😍
– 에그박사

정브르가 알려주는 파충류 체험 백과   정브르가 알려주는 곤충 체험 백과   정브르가 알려주는 양서류 체험 백과